All about Trade for Children

We can be competent people in the future by learning trade!

Do you feel that the world is changing every day? The international community is getting closer, and borders are disappearing. This is called 'globalization.'

The global economy is the same. It is being increasingly integrated into one. People, products, services and so on are moving freely. So, trade is becoming more important.

Because of border-free internet trade, we can export products that we make at home to foreign countries, and we can directly import products that are cheaper from abroad than in Korea. As early as ten years ago, this unimaginable change was already happening.

How do you think the world may change when you grow up? The world is going to be closer than now. We will easily buy things from abroad like how we buy things from the supermarket, and we will be able to sell things that we make.

By then, Korea could become the most prosperous country in the world and Koreans will be able to live affluently. To achieve the future, you should know the flow of today's world economy and trade.

We should grow up to be world citizens of the future. We should be able to live in a much lager stage of the world than today. We should not only stay in the domestic market, and we should over come competition form foreign companies in the global market. We must be a global leader to make Korea prosperous.

This book shows very basic information about trade. Although trading is very complicated, you can understand the overall flow if you apprehend the contents of this book.

We should pay more attention to economic stories when we watch the news. We can get a peek into how bananas we eat today and foreign products we use are imported, and how the cars made in Korea are exported to remote areas of the world, like Africa. Through the process, you will see a wider world you may have not known until now.

This is the most prosperous era in Korean history. Our economy has remarkably grown for the past 50 years. Trade was the certain foundation for growth.

Now Korea has an economic scale of 2 million dollars in per capita GDP and 1 trillion dollars in trade. Korea has become the big 10 in global trading. However, Korea still has a lot of shortcomings and poor people.

You, who will become global leaders, will prepare to go into the world. Only a person who has courage and a formidable spirit can win.

The world is yours. Get ready now!

In the Text

1. What is trade?
2. Features of Korean trade
3. Trade stories in history
4. An era of globalization and the future of Korean trade
5. What is Fair trade?

어린이를 위한
무역의 모든 것

풀과바람 지식나무 24

어린이를 위한 무역의 모든 것
All about Trade for Children

1판 1쇄 | 2015년 4월 9일
1판 10쇄 | 2026년 1월 15일

글 | 서지원
그림 | 끌레몽

펴낸이 | 박현진
펴낸곳 | (주)풀과바람
주소 | 경기도 파주시 회동길 329(서패동, 파주출판도시)
전화 | 031)955-9655~6
팩스 | 031)955-9657
출판등록 | 2000년 4월 24일 제20-328호
블로그 | blog.naver.com/grassandwind
이메일 | grassandwind@hanmail.net

편집 | 이영란
디자인 | 박기준
마케팅 | 이승민

ⓒ 글 서지원, 그림 끌레몽, 2015

이 책의 출판권은 (주)풀과바람에 있습니다.
저작권법에 의해 보호를 받는 저작물이므로 무단 전재와 복제를 금합니다.

값 14,000원
ISBN 978-89-8389-598-1 73320

※ 잘못 만들어진 책은 구입처에서 바꾸어 드립니다.

이 도서의 국립중앙도서관 출판예정도서목록(CIP)은 서지정보유통지원시스템 홈페이지(seoji.nl.go.kr)와
국가자료공동목록시스템(www.nl.go.kr/kolisnet)에서 이용하실 수 있습니다. (CIP제어번호 : CIP2015005315)

제품명 어린이를 위한 무역의 모든 것 | **제조자명** (주)풀과바람 | **제조국명** 대한민국
전화번호 031)955-9655~6 | **주소** 경기도 파주시 회동길 329
제조년월 2026년 1월 15일 | **사용 연령** 8세 이상

⚠ **주의**
어린이가 책 모서리에 다치지 않게 주의하세요.

KC마크는 이 제품이 공통안전기준에 적합하였음을 의미합니다.

어린이를 위한
무역의 모든 것

서지원·글 | 끌레몽·그림

풀과바람

머리글

무역을 알아야 미래 인재가 됩니다!

여러분은 느끼나요? 세계가 날마다 변하고 있다는 것을요. 국제 사회는 점점 더 가까워지고 있고, 국경의 의미도 사라지고 있습니다. 이걸 '세계화'라고 하지요.

세계 경제도 마찬가지입니다. 점점 하나로 통합되어 가고 있습니다. 상품, 사람, 서비스 등이 자유롭게 이동하고 있어요. 그래서 무역은 더욱 중요해지고 있지요.

장벽이 없는 인터넷 무역이 자리 잡으면서 우리가 집에서 만든 물건을 외국에 수출할 수 있고, 우리나라에서 파는 물건보다 더 싼 물건을 외국에서 직접 수입할 수 있게 되었습니다. 10년 전까지만 해도 상상도 할 수 없는 변화가 일어나고 있지요.

그렇다면 여러분이 어른이 될 때쯤이면 세계는 어떻게 변해 있을까요? 지금보다 세계는 더욱 가까워져 있을 겁니다. 마트에서 물건을 사듯 외국에서 쉽게 물건을 사고, 우리가 만든 물건들을 팔 수 있을 거예요.

그때쯤 우리나라는 세계 최고로 부강한 나라가 되어, 모든 국민이 풍요로운 삶을 살 수 있으면 좋겠습니다. 그렇게 되려면 여러분이 꼭 알아두어야 할 것이 바로 '세계 경제'와 '무역의 흐름'입니다.

여러분은 앞으로 미래의 세계 시민으로 성장해 가야 합니다. 작은 우리나라보다 더 큰 세상을 활동 무대로 살아야 합니다. 국내 시장에서 머무르지 말고, 세계 시장에서 외국 기업들과 경쟁해서 이겨야 합니다. 여러분은 우리나라를 부강하게 만드는 글로벌 리더가 되어야 합니다.

이 책에는 무역에 대해 아주 기본적인 내용들이 담겨 있습니다. 실제로 무역은 매우 복잡하게 이루어지지만, 이 책에 담긴 내용만 알아도 전체적인 흐름은 파악할 수 있을 거예요.

앞으로 뉴스를 보면서 경제 이야기에 관심을 가져 보세요. 오늘 먹었던 바나나, 우리가 입고 쓰는 외국산 물건들이 어떻게 수입되었고, 우리나라에서 만든 자동차가 어떻게 아프리카 오지까지 수출되는지 방법을 알아보세요. 그런 과정을 통해 여러분은 지금까지 몰랐던 더 넓은 세상을 보게 될 것입니다. 강에서 살던 연어가 바다로 나가 더 큰 세상을 보게 되듯이요.

우리나라가 역사상 가장 잘사는 시대가 바로 지금입니다. 과거 어느 때보다 지금이 풍요롭습니다. 지난 50년 동안 우리나라 경제는 눈부시게 성장했습니다. 그 성장의 밑바탕에는 바로 무역이 있습니다.

지금 우리나라는 1인당 GDP(국내 총생산) 2만 달러, 무역 1조 달러의 시대가 되었습니다. 우리나라가 무역 10대 강국이 된 것입니다. 하지만 여전히 부족한 점이 많고, 가난한 사람들이 많습니다.

미래의 글로벌 리더가 될 여러분, 자신의 꿈을 우리나라에 가두지 말고, 세계를 향해 뻗어 나가도록 준비하세요. 용기와 도전 정신을 가진 사람만이 승리할 수 있습니다.

세상은 여러분의 것입니다. 지금부터 준비하세요!

여러분의 친구
서지원

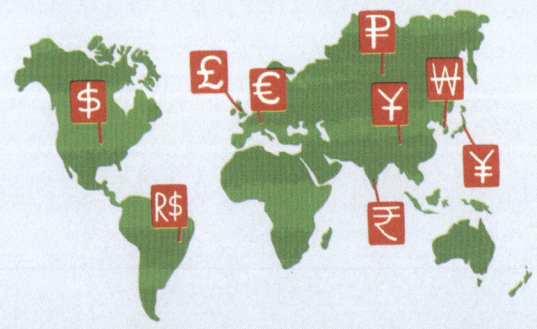

차례

1. 무역이란 무엇일까요? · 8
2. 우리나라 무역의 특징 · 36
3. 역사 속 무역 이야기 · 62
4. 세계화 시대와 우리나라 무역의 미래 · 92
5. 공정 무역이란 무엇일까요? · 118

  무역 관련 상식 퀴즈 · 134
  무역 관련 단어 풀이 · 138

1 무역이란 무엇일까요?

나라와 나라 사이의 거래 - '무역'

사람들이 모여 살면서 가장 먼저 한 일은 필요한 물건을 서로 바꾸는 것이었어요. 돈이 만들어지기 전에는 필요한 물건끼리 서로 바꾸다가, 화폐가 생겨나고 시장이 생겨나면서 사람들은 이제 돈을 주고 물건을 사고팔게 되었어요.

이렇게 물건을 사고파는 모든 일을 '거래'라고 불러요. 필요한 물건을 서로 바꾸는 일도 거래라고 하고요.

민철이가 갖고 있는 구슬 10개를 동수의 스티커 20장과 바꾸었다면, 민철이와 동수도 지금 거래를 한 것이에요.

요즘은 필요한 물건이 있으면 시장이나 슈퍼마켓에 가서 사는데요. 만약 시장에 우리 동네에서 만든 물건만 있다면 어떻게 해야 할까요? 없는 물건을 사기 위해 옆 동네 시장이나 슈퍼마켓에 가야겠죠.

우리나라에서 만들어지지 않는 물건이라면 어떻게 해야 할까요? 그럴 때는 다른 나라까지 멀리 가야 할까요? 이렇게 나라와 나라 사이에 물건을 사고팔거나 교환하는 일을 '무역'이라고 해요. 그러니까 무역은 나라 사이에 이루어진 거래라고 할 수 있어요. 다른 말로는 '교역'이라고도 부르는데, 교역은 대체로 직접적인 물물 교환의 뜻으로 쓰여요.

어린이들이 즐겨 먹는 바나나는 열대 과일이에요. 비가 많이 오고 기온이 높은 동남아시아 지역에서 주로 나는 과일이지요. 지금은 마트에 가면 쉽게 살 수 있지만, 몇십 년 전에는 쉽게 구경할 수 없는 과일이었어요.

바나나를 사기 위해 동남아시아 지역까지 가지 않아도 온대 지방에 사는 우리가 편하게 바나나를 먹을 수 있는 것은 바로 무역이 이루어졌기 때문이에요.

무역이라고 하면 커다란 배나 장갑차처럼 눈에 보이는 물건을 거래한다고 생각하지만, 물건뿐 아니라 의료 서비스나 건축 설계 같은 눈에 보이지 않는 기술도 무역의 대상이 될 수 있어요.

K-POP(한국 대중가요) 가수들이 영국이나 프랑스에서 공연하는 것을 본 적이 있을 거예요. 또 극장에서 미국이나 일본 만화 영화를 보기도 하고요. 만질 수 없지만, 눈으로 마음으로 즐길 수 있는 문화도 중요한 무역품 중 하나랍니다.

수출과 수입, 뭐가 다른 거지?

무역은 수출과 수입으로 이루어져요. '수출'은 다른 나라에 물건을 파는 것을 말해요. 반대로 '수입'은 다른 나라에서 물건을 사 오는 것을 말하고요.

예를 들어 우리나라에서 만든 유조선을 독일에 팔았다면, 우리나라는 수출한 것이고, 독일은 수입한 것이지요.

수출을 하게 되면, 물건을 외국에 판 것이므로 대가로 외화(외국의 돈)를 받을 수 있어요. 반대로 수입을 하게 되면 다른 나라 물건을 사 오는 것이니까 우리 화폐를 보내 주어야 하지요.

무역은 왜 일어날까?

아주 옛날 사람들은 직접 사냥한 고기와 물고기를 먹고, 직접 만든 옷을 입었어요. 이렇게 필요한 것을 스스로 만들어 쓰는 것을 '자급자족'이라고 해요.

사회가 발달하면서 사람들은 필요한 것이 점점 많아졌고, 모두 만들어 쓸 수 없게 되었어요. 사람들은 필요한 물건을 가진 사람끼리 서로 바꾸어 쓰다가 점차 돈을 주고 거래를 하게 되었어요.

나라 사이에도 비슷한 일이 일어났어요. 우리나라에서 만들 수 없는 물건은 이웃 나라에서 사 오게 된 것이지요.

자동차가 움직이려면 석유가 필요해요. 그런데 우리

나라는 석유가 나지 않기 때문에 사우디아라비아나 이라크 같은 중동 여러 나라에서 수입해요. 맛있는 열대 과일은 동남아시아나 뉴질랜드에서 사 오고요.

　반대로 우리나라가 잘 만드는 반도체나 휴대 전화, 커다란 배는 외국에 수출하지요. 이처럼 무역을 통해 사람들은 원하는 물건을 편하고 쉽게 구할 수 있게 되었답니다.

　교통과 통신이 발달하면서 사람들은 세계 여러 나라의 소식을 빨리 알게 되었어요. 이런 빠른 정보의 교환은 무역을 더욱 활발하게 만들어 주고 있어요. 새로운 물건에 대한 정보를 빨리 알게 되면서, 수입을 서두르기 때문이지요.

수출을 많이 하게 되면 외화를 많이 벌 수 있어서 나라가 부유해질 수 있어요. 수출하기 위해 회사들도 물건을 많이 만들어야 하니까 경제도 발전할 수 있고요.

자동차를 만드는 나라에서 왜 다른 나라의 자동차를 수입하는 걸까?

도로를 보면 다양한 자동차들이 달리고 있어요. 우리나라에서 만든 현대, 삼성, 기아 차는 물론이고 독일의 BMW, 미국의 포드 차도 쉽게 볼 수 있어요. 외국 자동차는 모두 무역을 통해 수입된 차들이에요. 그런데 우리나라에서도 잘 만들 수 있는 자동차를 왜 수입하는 걸까요?

우리 주변에 있는 물건으로 예를 들어 설명해 볼게요. 작은 털 인형 뒤쪽에 붙여진 라벨을 한번 살펴보세요. 대부분 MADE IN CHINA(메이드 인 차이나)라고 쓰여 있을 거예요. 무역을 통해 중국에서 만든 인형이 우리나라로 수입되었다는 뜻이에요.

인구가 많은 중국은 일할 사람이 많아서 인건비가 우리나라보다 낮은 편이에요. 그래서 사람이 일일이 손으로 작업해야 하는 인형이나 가발, 옷 등은 다른 나라보다 훨씬 싼 가격에 만들 수 있어요.

우리나라에서 인형 하나를 만들려면 500원이 필요한데, 중국에서는 300원이면 만들 수 있다고 생각해 볼까요? 우리나라에서는 인형 10개를 만들려면 5000원이 필요하지만, 중국에서는 3000원이면 가능해요.

인형을 파는 사람은 우리나라에서 만든 비싼 인형보다 중국에서 만든 싼 인형을 수입해서 팔면 더 많은 이득을 남길 수 있겠죠? 그래서 우리나라에서 만들 수 있는 물건이라도 더 낮은 가격과 좋은 조건의 물건을 수입해 오는 거예요.

외국 자동차는 우리나라 자동차보다 비싼데 왜 수입하느냐고요? 수출이나 수입을 할 때는 여러 가지 조건을 따져 보고 물건을 선택하게 돼요.

가격도 중요하지만, 기술력이나 브랜드 가치 등도 중요한 조건이 될 수 있어요. 품질과 가격보다 유명 상표의 제품을 좋아하는 사람도 있으니까요.

경상 수지와 무역 수지로 무얼 알 수 있을까?

초등학교에 들어가서 용돈을 받기 시작하면 용돈 기입장을 쓰는데요. 일주일이나 한 달 동안 얼마만큼의 용돈을 받았고, 얼마를 썼는지 기록하게 돼요. 용돈 기입장에 받고 쓴 금액을 적는 것처럼 나라에서도 외국과 거래한 내용을 모두 기록해 놓고 있어요.

무역 내용은 보통 1년 단위로 정리해요. 이렇게 정리한 외국과의 거래 내용을 '경상 수지'라고 불러요.

경상 수지에는 다른 나라에 수출한 내용, 수입한 내용, 우리나라에 사는 외국인 노동자들의 임금까지 모두 포함되어 있어요. 물론 외국에서 일한 우리나라 사람의 임금도 기록하고요.

심지어 무역하기 위해 비행기를 타고 외국으로 출장을 갔다면, 그때의 비행기 값까지 경상 수지에 포함돼요. 우리나라 사람이 외국인과 거래하면서 발생한 모든 비용을 정리한 것이지요.

수출을 많이 해서 우리나라로 외화가 많이 들어오면 경상 수지 흑자라고 하고, 반대로 외화를 많이 지출하면 경상 수지 적자라고 불러요. 장사할 때 많이 팔아서 이윤이 남으면 흑자, 손해를 입으면 적자라고 부르는 것과 같아요.

다른 나라와 거래한 내용 중에서 특히 수출한 내용과 수입한 내용만을 추려서 '무역 수지'라고 해요. 바로 1년 동안 우리나라가 수출을 얼마만큼 했는지, 얼마나 외국에 제품을 팔았는지 정리한 내용이에요. 무역 수지도 수입보다 수출이 많으면 흑자가 되고, 수입보다 수출이 적으면 적자가 돼요.

용돈 기입장을 기록하다 보면 용돈 받은 것보다 적게 써서 돈이 남은 달이 있을 거예요. 그럼 그달은 용돈 흑자가 되겠네요.

무역에서 사용되는 화폐

우리나라 시장에서 물건을 사고팔 때는 우리나라 돈으로 거래하는데, 다른 나라끼리 무역할 때는 어느 나라의 돈으로 계산할까요?

지구에는 200개가 넘는 나라가 있어요. 나라마다 다른 화폐를 쓰고, 각 나라의 화폐는 그 나라 안에서만 자유롭게 쓸 수 있어요. 다른 나라에서도 자기 나라의 화폐를 쓰려면, 모든 나라가 그 화폐는 안전하다고 믿어 주어야 가능한 일이에요. 그래야 다른 나라에서도 똑같이 물건과 바꿀 수 있을 테니까요.

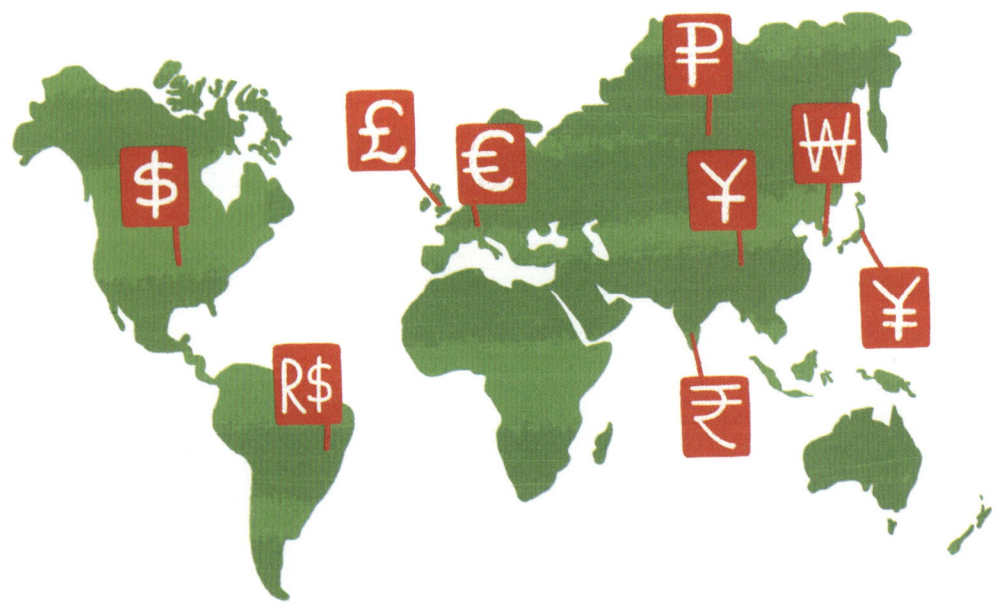

　예를 들어 A라는 나라의 빵값이 1월에는 100이었는데, 한 달 뒤 1000으로 바뀌었다고 생각해 볼까요. 외국 사람들이 A 나라의 돈 1000을 생각할 때, 빵 1개를 살 수 있는 돈으로 생각할까요? 빵 10개를 살 수 있는 돈으로 생각할까요?

　돈의 가치가 짧은 시간 동안 너무 크게 바뀌었기 때문에 불안하다고 생각할 거예요. A 나라와 무역할 때마다 어떻게 값을 치러야 할지 고민하겠죠.

　그래서 사람들은 국제 거래를 할 때, 계산할 화폐를 정해 두기로 했어요. 어느 나라와 무역을 하든, 정해진 화폐로 내면 되니까 훨씬 편리하겠지요.

옛날에는 금으로 거래를 했어요. 우리나라 돈으로 금을 사서, 그 금을 외국 상인에게 주는 것이지요. 외국 상인은 받은 금을 자기 나라 화폐로 바꾸면 되고요. 요즘은 금 대신 미국 달러로 무역 거래를 하고 있어요. 제2차 세계 대전 이후 금으로 계산할 수 없을 만큼 국제 무역이 활발해졌기 때문이에요. 그렇다면 여러 나라의 화폐 중 미국의 달러를 왜 무역 화폐로 정하게 되었을까요?

세계 대전 이후 미국은 세계에서 가장 강한 나라가 되었어요. 사람들은 미국의 화폐인 만큼 달러가 안전하다고 믿었어요. 또 국제 시장에서 물건값을 적어 놓을 때 달러로 표시하는 곳이 많았어요. 이렇듯 달러로 가격을 표현하는 것에 익숙하고, 달러의 가치가 널리 알려져 있어 편리했기 때문에 달러를 무역 화폐로 정하게 되었어요.

물론 무역할 때 반드시 미국 달러로 거래해야 한다는 법은 없어요. 언제라도 믿을 수 있는 거래 수단이 정해지면 바뀔 수 있어요.

원래 미국 달러가 무역 화폐로 쓰이기 전에는 영국의 파운드가 무역 화폐로 쓰였어요. 하지만 영국의 국력이 약해지고 미국이 강해지면서 미국 달러로 바뀌게 된 것이에요.

환율이란 무엇일까?

외국 여행을 가면 우리나라와 물건 가격이 다른 경우가 많아요. 우리나라에서는 음료수 하나가 1000원 정도인데, 필리핀이나 베트남 같은 동남아시아에서는 훨씬 가격이 싸요.

나라마다 물건값이 다르듯 각 나라의 화폐 역시 저마다 다른 가치를 갖고 있어요. 이것을 '환율'이라고 해요. 환율은 우리나라 돈과 외국 돈을 바꾸는 비율이에요.

무역할 때는 우리 돈을 외국 돈으로 바꾸어 계산해야 하므로 환율이 필요해요. 환율에 따라서 미국 돈 1달러로 우리나라 돈 1000원을 바꿀 수 있고, 일본 돈 1엔으로 우리나라 돈 10원을 바꿀 수 있어요.

환율은 누가 정하나요?

우리나라는 환율의 결정을 시장에 맡기고 있어요.
외국 돈이 거래되는 시장을 '외환 시장'이라고 하는데, 외환 시장에서 외국 돈을 사려는 사람과 팔려는 사람들이 그때그때 사정에 맞추어 가격을 조정해서 결정하지요.
이처럼 가격 결정을 시장에 맡기면, 외국 돈이 지나치게 남아돌거나 부족해지는 일을 막을 수 있어요.

환율은 고정되어 있지 않고 변해요. 그래서 미국 돈 1달러로 우리나라 돈 1100원을 바꿀 수도 있고, 일본 돈 1엔으로 우리나라 돈 9원을 바꿀 수도 있지요. 이렇게 환율이 변하는 것은 나라마다 서로의 경제를 평가하는 기준이 바뀌기 때문이에요.

루비 나라와 사파이어 나라의 환율 이야기

미나는 사파이어 나라와 거래할 때마다 빨간 돌멩이 4개로 파란 돌멩이 1개 값을 계산해서 물건을 사 오게 되었어요.

환율이 올라가거나 떨어지면 어떻게 될까?

환율은 언제나 똑같지 않아요. 우리나라 돈의 가치가 올라가면 환율이 떨어지고, 가치가 떨어지면 환율이 올라가요. 돈도 가격이 올랐다 내렸다 할 수 있느냐고요? 물론 화폐 위에 쓰여 있는 숫자는 변하지 않지만, 실제 그 화폐로 할 수 있는 일이 달라질 수 있어요. 아직도 어렵다고요?

그럼 잠시 시장 구경을 가 볼까요? 이곳은 상주 곶감 시장이에요. 주변 곶감 장수들이 많이 모였어요. 곶감을 사려는 사람들도 전국에서 찾아왔어요. 그런데 오늘은 날씨가 너무 추워서 손님이 많지 않아요. 곶감을 팔려는 사람은 100명인데, 사려는 사람은 50명밖에 되지 않아요.

곶감 상인들은 서로 곶감을 팔기 위해 가격을 낮추기 시작했어요. 곶감을 사러 온 영철이는 싼 가격에 곶감을 사서 기분이 좋았어요. 지난주에는 1000원에 5개를 샀는데, 오늘은 10개나 샀지 뭐예요. 지난주에는 날씨가 아주 좋아서 시장 안이 손님으로 가득 찼었거든요.

화폐도 마찬가지예요. 화폐가 많아지면 가치는 떨어지고, 화폐가 적어지면 가치는 올라갈 수밖에 없어요. 화폐의 양은 정해져 있는데 쓰려는 사람이 많아지니까 화폐 가치가 올라가는 거예요.

환율은 무역하는 사람들에게 정말 중요해요. 환율에 따라 더 많은 이득을 볼 수도 있고, 손해를 볼 수도 있으니까요.

환율은 내려가기도 하고, 올라가기도 해요. 환율이 내려간다는 것은 우리 돈의 가치가 높아진다는 뜻이에요. 1달러를 1000원으로 바꿀 수 있었는데, 900원이면 바꿀 수 있게 되는 거예요. 우리나라 돈이 강해지는 거니까 '원화 강세'라고 해요.

우리나라 돈의 가치가 높아지면 좋은 점도 있지만, 나쁜 점도 있어요. 무역할 때 수입하는 사람들은 좋지만, 수출하는 사람들은 손해를 보지요.

우리가 외국 여행을 할 때 1000원으로 살 수 있던 물건을 900원만 주면 살 수 있게 되는 것처럼 수입하는 사람들은 물건을 싸게 살 수 있어요. 그래서 환율이 내려가면 외국에서 물건을 수입하는 사람들은 이익을 봐요.

하지만 반대로 수출하는 사람은 손해를 볼 수밖에 없어요. 환율이 내리기 전에는 1달러 물건을 외국에 팔면 1000원을 받았지만, 환율이 내려가면 900원밖에 받지 못하기 때문이지요.

환율이 올라가면 반대 상황이 발생해요. 환율이 올라간다는 것은 우리나라 돈의 가치가 떨어진다는 뜻이에요. 1달러를 1000원으로 바꿀 수 있었는데, 1100원을 주어야 바꿀 수 있게 되는 거예요. 우리나라 돈이 약해진 거니까 '원화 약세'라고 하지요.

우리나라 돈의 가치가 떨어지면 수입하는 사람들은 손해를 보고, 수출하는 사람은 이익을 얻어요. 수입하는 사람들은 이전보다 더 많은 돈을 주어야 물건을 살 수 있지요.

하지만 수출하는 사람들은 이전보다 더 많은 돈을 받게 돼요. 이전에 1달러 물건을 팔면 1000원을 받았지만, 환율이 올라가면 1100원을 받을 수 있기 때문이에요.

이처럼 우리나라 돈의 가치가 올라간다고 해서 모두 좋은 것은 아니며, 돈의 가치가 내려간다고 해서 나쁜 것도 아니에요. 경제 상황에 따라 다르다고 할 수 있어요.

관광은 서비스 무역

명동이나 남대문 시장에 가면 단체 관광을 온 사람들이 팻말 든 안내원을 따라 몰려다니는 모습을 종종 볼 수 있어요. 중국이나 일본에서 한국으로 여행 온 사람들이에요.

관광도 중요한 무역 가운데 하나예요. 관광객들은 여행하면서 우리나라의 문화도 체험하고 물건도 사면서 돈을 써요. 우리나라는 그

만큼 외화를 벌게 되는 거랍니다. 반대로 우리가 해외여행이나 어학연수를 가면 외화를 지출하게 되는 것이지요.

최근에는 우리나라에 와서 의료 서비스를 받고 싶어 하는 사람이 늘고 있어요. 특히 성형 기술은 세계 최고 수준이에요.

여름이나 겨울 방학이 되면 성형 수술을 많이 하는데, 요즘 방학 기간에 강남의 성형외과는 예약하기가 너무 힘들다고 해요. 중국이나 동남아시아에서 방학 동안에 우리나라로 의료 여행을 오기 때문이에요. 성형 수술도 하고, 한류 드라마의 영향으로 유명해진 한국 관광지도 둘러보기 위해서지요.

2 우리나라 무역의 특징

대한민국은 수출 강대국

우리나라는 아시아 동쪽 끝에 있는 작은 나라예요. 땅 크기도 작고, 천연자원도 풍부한 편은 아니에요. 1960년대 이전에는 농사를 주로 지었던 농업국이었는데, 산업 개발로 중공업이 발달한 공업 국가로 바뀌었어요.

우리나라는 2014년 한 해 동안 5730억 달러를 수출할 정도로 수출 강대국이에요. 세계에서 7번째로 큰 규모예요. 비록 우리나라는 땅 크기는 세계 100위 안에도 못 드는 나라지만, 수출 규모에서는 손가락에 꼽을 만큼 큰 나라인 셈이지요. (출처 : 한국무역협회, 2015.)

2012년도 세계 수출 강대국

순위	나라 이름	수출액	수입액
1	중국	2050	1817
2	미국	1546	2335
3	독일	1320	1148
4	일본	798	886
5	네덜란드	641	582
6	프랑스	556	661
7	한국	547	519
8	러시아 연방	524	316
9	이탈리아	490	453
10	영국	432	663

(단위 : 10억 달러, 출처: WTO International trade statistics, 2013.)

수출을 많이 하는 나라가 잘사는 나라일까?

수출은 우리나라에서 만든 물건을 다른 나라에 파는 거예요. 수출을 하면 다른 나라에서 외화를 받아올 수 있어서 우리나라 경제가 풍요로워질 수 있어요. 그래서 우리나라가 잘살지 못하던 1960년대에 부자가 되기 위해 수출을 열심히 했었답니다.

그런데 수출을 많이 하는 나라는 대부분 수입도 많이 해요. 만약 A라는 나라가 수출만 하고, 수입을 하지 않는다면 무슨 일이 일어날까요? 얌체처럼 자기 나라 물건만 판다고 생각할 거예요.

A 나라처럼 수출만 하려고 하면, 결국 다른 나라에서 더는 A 나라의 물건을 사지 않을지도 몰라요. 또 A 나라가 갑자기 중요한 물건이 필요해졌을 때 팔지 않을 수도 있고요.

이렇게 수출과 수입을 하면서 갈등과 분쟁이 생길 수 있는데, 이런 것을 '무역 마찰'이라고 해요. 무역 마찰이 생기지 않으려면 수출과 수입을 균형 있게 잘 유지해야 한답니다.

수출을 많이 하더라도 수출보다 수입이 많다면 외화를 더 많이 지출하므로 무역 적자가 생겨요.

우리나라의 무역항

1876년 강화도 조약 이후부터 무역항이 생겨나기 시작했어요.
세계적 무역 국가인 우리나라의 수출에서 해상 무역은
가장 커다란 부분을 차지하고 있어 항만의 역할이 매우 중요해요.

인천항
1883년 일제에 의해 개항.
서울로 진입하는 관문으로
수도권 공업 지대와 중부 지방을
세력권으로 하는
서해안 제일의 무역항.

평택·당진항
2004년 통합하여
동북아 경제권 국제 무역의
중심항으로 발전.

군산항
1899년 개항.
중국을 오가는
국제 여객선과 화물선 운행.

목포항
1897년 개항.
중국 및 동남아시아 진출의 거점 항만.

여수항
1949년 개항.
예부터 중요한 해상 전략 기지였으며
임진왜란 때 이순신 장군이 주둔했던 곳.

포항항
1962년 무역항으로 지정.
포스코 등 배후 지역의
철강 회사들이 만든
제품들을 수출하는 항구.

울산항
1963년 울산이 시로 승격되면서
무역항으로 지정.
온산항과 미포항을
포함하면서 규모가 확장됨.

부산항
1876년 최초의 무역항(부산포).
우리나라 최대의 항만으로
무역과 해외 여객 수송 관문.

마산항
1899년 개항.
1970년대 마산 자유 무역 지역이 설치되며
국제 항구로 성장.

우리나라에서 주로 수출하는 물품

우리나라는 천연자원이 많이 생산되지 않는 곳이에요. 땅도 넓지 않아서 농산물을 많이 생산할 수도 없고요. 그런데도 전 세계에서 수출을 많이 하는 대표적인 나라로 손꼽히고 있어요(2014년 기준 7위. 한국무역협회). 천연자원이 적은 대신 뛰어난 기술력으로 제품들을 잘 만들기 때문이에요.

천연자원을 수입해 석유 화학 제품으로 가공해 수출하고 기계 부품이나 장치를 들여와 다시 조립해서 수출하기도 해요. 이런 수출 방법을 '가공 무역'이라고 해요. 우리나라처럼 자원이 부족하지만, 기술력이 뛰어난 나라들이 가공 무역을 많이 하고 있어요.

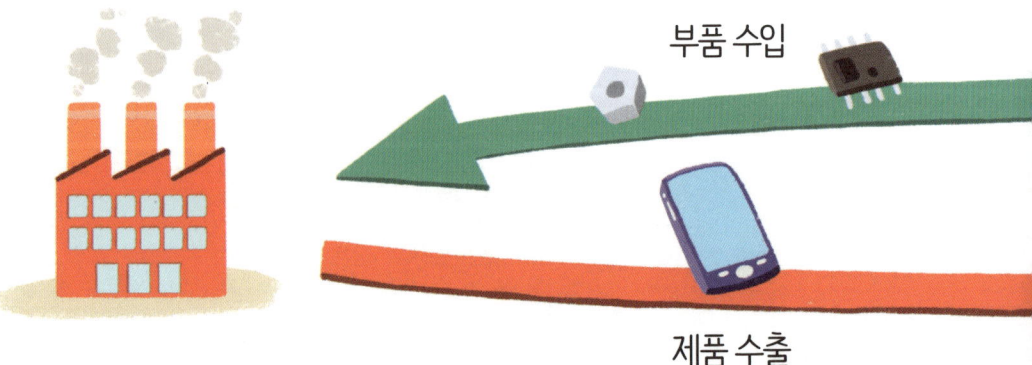

산업 통상 자원부에서 발표한 자료를 보면, 2000년대 이후 우리나라에서 주로 수출하는 품목들이 어떻게 변하고 있는지 잘 알 수 있어요.

제조업, IT(정보 통신 기술), 에너지 관련 품목들이 우리나라 수출의 80% 이상을 차지하고 있어요. 자동차나 배, 철강 등은 오랫동안 우리나라의 대표 수출품이었는데, 지금까지 계속 다른 나라에서 좋은 기술력으로 인정받고 있어요.

무선 전화기나 컴퓨터, 모니터, 가전제품 등 IT 분야는 꾸준히 수출이 늘다가 최근 몇 년 사이에 조금씩 줄고 있어요. 외국의 현지 공장에서 직접 생산하는 경우가 늘기 때문이에요.

시대별로 바뀐 수출품

'대한민국' 하면 삼성전자의 휴대 전화, 현대의 자동차를 떠올리는 세계인들이 많을 텐데요.

1960년대만 해도 우리나라는 대표적인 수산물 수출국이었어요. 전체 수출품 중 절반이 수산물이었다고 해요. 해방 이후 무역 현황에도 해산물 수출이 62.85%라 나오는 것을 보면 우리나라 주변에서 생선이 많이 잡혔던 모양입니다.

(출처 : 동아일보, 1947.)

지금은 상상이 잘 안 되죠? 우리나라가 수출하는 품목은 시대별로 이렇게 큰 차이가 난답니다.

산업이 발달하기 이전이었던 1960년대에는 주로 수산물을 비롯해 텅스텐 같은 천연자원을 많이 수출했어요.

산업화 초기 경공업이 발달했던 1970년대에는 섬유나 신발, 장난감 등이 주요 수출품이었고요. 낮은 기술로, 사람들의 노동력이 많이 필요한 상품들을 주로 생산했지요.

본격적으로 중공업이 발달하면서 우리나라 수출품에 큰 변화가 생겼어요. 그때부터 철강, 기계, 선박, 전자 제품들을 외국에 수출하기 시작했어요. TV, 냉장고 등 가전제품을 비롯해 다양한 유조선이나 특수 선박들을 만들기 시작했어요.

1990년대부터 우리나라가 세계에서 기술을 주도하는 품목들이 생겨나기 시작했어요. 반도체나 자동차는 물론 휴대 전화 등 새로운 IT 제품들이 세계 1등 수출 품목으로 인기를 끌었어요.

최근 들어 생명 공학이나 에너지 관련 분야의 수출품 개발에 많은 노력을 기울이고 있어요. 머지않아 이들 분야에서 세계 수출 1위 품목이 나오리라 기대해요.

시대별 수출 품목

1950 수산물
1960 철광석 텅스텐
1970 신발, 가발

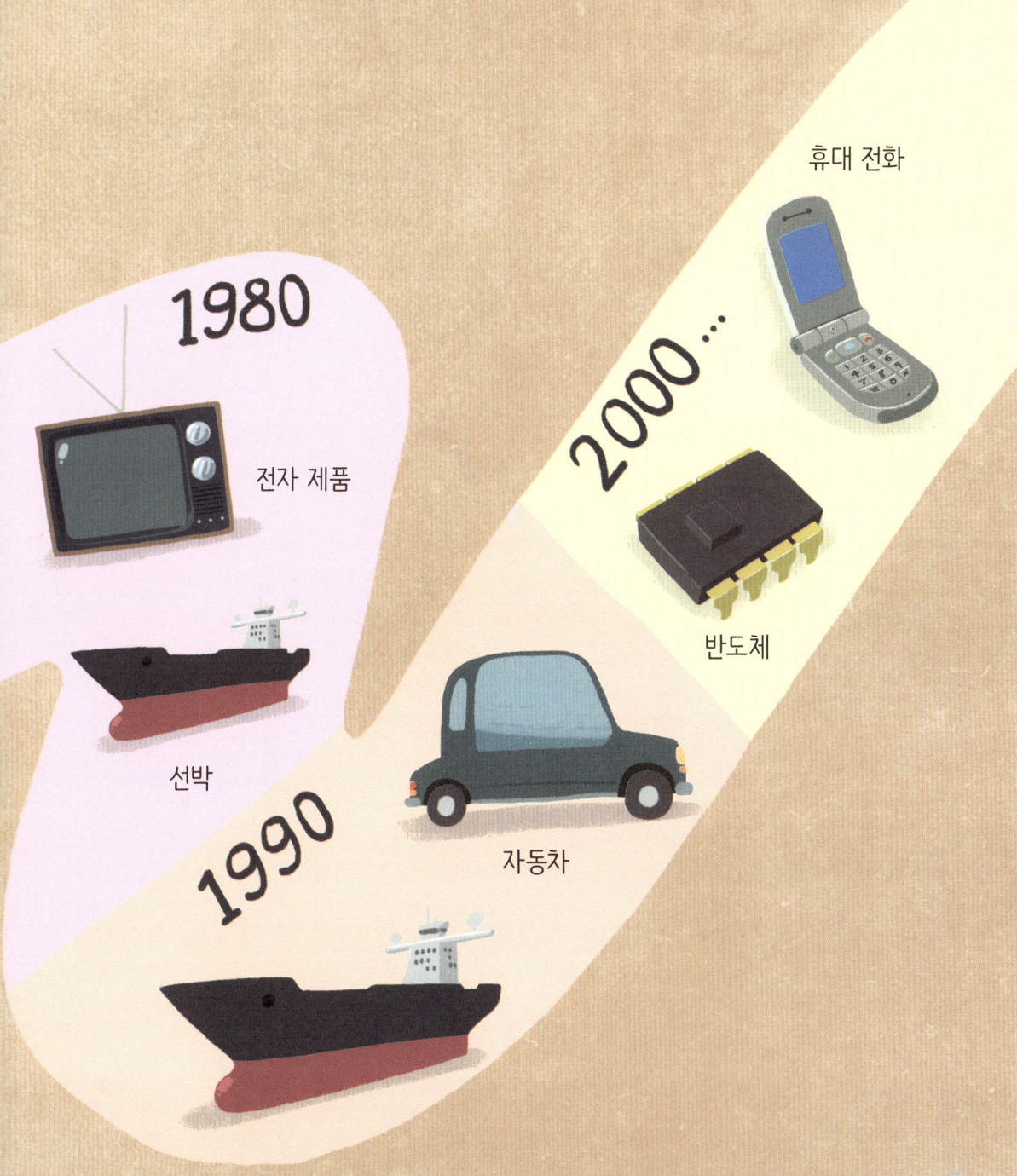

수출 이야기

우리나라 자동차 수출 1호 포니

우리나라의 한 해 자동차 수출 금액은 매년 500만 달러 가까이 되는데요. 대수로는 300만 대가 넘는 숫자예요. 지금은 우리나라가 세계 대표적 자동차 수출국이지만, 처음 자동차를 수출할 때는 10대도 팔지 못했어요.

1976년 현대자동차는 포니 자동차를 만들었어요. 순수하게 디자인과 차체 모두 우리나라 기술로 만든 것은 아니었지만, 우리나라 고유 디자인으로 처음 만든 자동차예요.

그전까지 우리나라에서 만들어진 자동차는 포드 부품을 조립한 조립차였거든요. 포니가 만들어지고, 에콰도르에 처음으로 자동차를 수출했는데요. 수출한 자동차는 모두 5대였어요.

우리나라에서 주로 수입하는 물품

자동차 천만 시대라고 할 정도로 거리에는 차가 넘쳐나고 있어요. 대부분 석유로 움직이고 있죠. 가공하기 전의 석유를 '원유'라고 하는데, 안타깝게도 우리나라에서는 생산되지 않아요.

우리나라 수입 품목 1위가 바로 이 원유예요. 각종 석유 제품을 비롯해 여러 가지 천연자원이 우리나라가 가장 많이 수입하는 품목들이에요.

우리나라는 공산품을 주로 수출해요. 반대로 많이 생산되지 않는 천연자원은 대부분 외국에서 들여오고 있어요. 원유뿐만 아니라 석탄이나 철광석 등의 광물, 나무 관련 원자재도 많이 들여오는 품목이에요.

천연자원과 함께 많이 수입되는 것은 먹을거리예요. 우리가 즐겨 먹는 빵이나 과자의 주원료인 밀가루는 90% 이상을 수입하고 있어요. 밥을 짓는 쌀도 이젠 수입하고 있어요. 다양한 열대 과일이나 커피도 많이 수입하는 물건이에요. 우리나라는 식량 자급자족 상태가 아니므로 식량이 많이 남는 외국에서 수입해 오는 것이지요.

우리나라 수입품 중 특이한 부분은 바로 메모리나 반도체에 들어가는 부품들이에요. 반도체 부분은 수출 1위 품목에도 들어 있는데 어떻게 된 걸까요? 그건 반도체에 들어가는 작은 부품들을 일본이나 미국에서 많이 수입하기 때문이에요.

그래서 반도체를 수출하는 많은 기업은 반도체 속 원천 기술들을 국산화하기 위해 많이 노력하고 있어요. 그런 노력이 쌓여 우리나라 기술 개발력이 점점 좋아지겠죠.

우리나라 대표 수입, 수출 품목 (출처 : 한국무역협회, 2015.)

순위	수입	수출
1	원유	반도체
2	반도체	석유 제품
3	천연가스	자동차
4	석유 제품	선박 해양 구조물 및 부품
5	석탄	무선 통신 기기

수입품으로 알아보는 우리나라 생활사

수입 물품은 그 시대의 생활을 잘 보여 주는 지표가 될 수 있어요. 그 시대 사람들이 많이 찾거나, 꼭 필요로 하는 물건을 수입해 오기 때문이죠.

1947년 6월 신문에 다음과 같은 기사가 났어요.

"수입에 있어서는 유지가 제1위, 약재가 2위, 식염이 3위를 차지하였으며, 그 외에 잡품, 당면, 유리, 생고무, 종이, 문방구 순위로 되어 있다."
(출처 : 1947년 6월 19일 자 동아일보)

아직 산업화하지 못한 상황이라 생필품 위주로 수입한 것을 알 수 있어요. 옛날이나 지금이나 우리나라에서 생산되지 않는 중요한 물건은 꾸준히 수입하고 있어요. 특히 석유는 1900년대 이후 100년 이상 우리나라 수입 품목 1위 자리를 지키고 있답니다.

6·25 전쟁 직후에는 쌀과 밀가루가 수입품 1위를 기록했어요. 전쟁 직후 식량난을 짐작할 수 있어요.

우리나라에서는 1962년부터 5년 단위 경제 개발 계획이 진행되었어요. 경제 개발과 함께 공장이 세워지고 산업 기술이 발달했어요. 산업화 이후 우리나라의 국민 소득도 점차 올라가게 되었어요. 소득이 올라가면서 생활도 바뀌었고, 해외에서 수입하는 품목도 많이 바뀌게 되었답니다.

생필품의 비중은 계속 줄어들고 기계 부품이나 반도체 부품 같은 산업 재료의 수입이 늘어났어요. 산업 재료의 수입은 1970년대부터 꾸준히 늘어 2000년대에는 전체 수입품의 약 40% 정도를 차지하고 있어요.

생필품은 쌀이나 밀가루 등 기본 식량에서 열대 과일, 커피, 담배 등 다양한 기호 상품으로 바뀌었어요. 지금은 커피를 쉽게 접할 수 있지만, 1970년대 초반만 해도 커피는 마음대로 수입할 수 없는 수입 제한 제품이었답니다.

우리나라 무역의 특징

우리나라는 세계 7위를 기록할 만큼 수출과 수입을 많이 하는 나라예요. 천연자원은 적지만 가공 무역을 통해 새로운 제품을 꾸준히 개발했기 때문인데요. 수출이 늘어나는 만큼 수입도 꾸준히 늘고 있는 이유예요. 2000년대 이후 우리나라는 수입보다 수출을 더 많이 해서 무역 흑자를 이루고 있어요.

수출과 수입량이 늘면서 우리나라의 무역 의존도는 80%를 넘어섰어요. 국제 경제가 불안할 때 무역 의존도가 높은 나라는 큰 영향을 받을 수밖에 없어요. 그래서 우리는 여러 나라의 무역 정책과 경제 상황을 잘 살펴서 무역 정책을 펼쳐야 해요.

우리나라는 미국, 중국, 일본 등 몇몇 나라와 특히 거래를 많이 하고 있어요. 위의 세 나라와의 거래 비중이 전체 무역의 40%를 차지할 정도예요. 이렇게 몇몇 나라와 무역을 많이 하다 보면, 문제가 생길 수 있어서 위험해요. 그러므로 여러 나라와의 다양한 거래가 꼭 필요해요.

무역 의존도란?

'무역 의존도'는 한 나라의 경제에서 무역이 어느 정도 비중을 차지하는지를 나타내 주는 표시예요. 1년 동안 한 나라에서 생산한 총생산물 중에서 수출이나 수입이 차지하는 비율로 나타낸답니다.

땅이 넓고, 인구가 많은 나라는 지역별로 다양한 산업을 발달시킬 수 있어서 무역 의존도가 낮은 편이에요. 반대로 국민 소득이 높고 국토가 좁은 나라일수록 무역 의존도가 높게 나타나요.

무역 의존도가 높다는 것은 수출, 수입이 많이 발생한다는 뜻이에요. 당연히 수출, 수입을 할 외국에서 무슨 일이 발생하거나 환율 등이 변하면 크게 영향을 받을 수 있어요. 해외 경기가 나빠져서 수출을 못 하게 되면, 경제에 큰 타격을 받을 수 있고요.

우리나라는 '외환 위기' 이후 꾸준히 무역 의존도가 높아져 2012년 약 87.3% 정도의 무역 의존도를 나타내고 있어요. 미국이나 일본의 무역 의존도가 30% 아래인 것을 생각한다면, 우리나라는 무역 의존도가 높은 편이에요.

우리나라는 국토도 작고, 인구도 그렇게 많지 않아요. 국내 기업들이 좋은 물건을 만들어도 우리 국민이 모두 사용할 수는 없어요. 시장이 너무 작기 때문이에요. 그래서 기업들은 되도록 해외 시장을 개척하기 위해 많은 노력을 기울이고 있어요.

우리나라 무역의 문제점과 해결 방안

우리나라에서 가장 많이 수출하는 메모리 반도체는 내부 부품을 미국이나 일본에서 수입하고 있어요. 만약 이 나라들과 다른 마찰이 생겨서 부품들을 수입하지 못 한다고 생각해 보세요.

우리는 당장 외국에 수출할 메모리 반도체를 만들 수 없어요. 수출을 못 하니 외화를 벌 수 없겠지요? 결국 우리나라 경제에 큰 타격을 줄 수 있어요.

우리나라에서 생산한 반도체를 많이 사 가던 나라에 문제가 발생했을 경우에도 마찬가지예요. 그 나라 경제 사정이 나빠져 수입을 줄이면, 우리는 바로 수출로 벌어들이던 외화가 줄 수밖에 없으니까요. 따라서 여러 나라와 다양한 거래를 함으로써 이러한 문제점을 줄여야 해요.

가공 무역을 하는 우리나라는 전자나 기계 부품의 수입이 많다고 했는데요. 우리가 만든 제품을 아무리 많이 팔아도 결국 기계 부품을 수입해 온 나라에 이득을 나누어 주어야 해요. 실속 없는 무역이 될 수밖에 없어요. 기술 개발과 연구를 통해 이런 부품들을 국산화하는 노력도 필요해요.

최근 들어 중국과의 무역 경쟁이 치열해지고 있는 것도 우리나라 무역의 숙제로 꼽을 수 있어요. 우리나라가 세계 수출 1위 부분을 차지한 품목이 2013년 기준 65개 항목인데요. 그중에서 중국이 2위를 차지하고 있는 품목이 20개나 되고 있어요. 특히 메모리 반도체를 포함한 14개 품목에서 5% 차이로 중국이 우리나라를 바짝 추격하고 있어요.

약 13억 인구가 사는 중국은 우리에게 좋은 시장이자 무역 경쟁국이에요. 중국은 인구가 많아 인건비가 낮아요. 노동 집약적 산업 품목을 중국에 내어 줄 수밖에 없다면, 좀 더 핵심적이고 기술 집약적 산업 품목으로 한국 수출 사업을 키워가야 해요.

많은 나라가 제품을 외국에 팔기 위해 노력하고 있어요. 기술 개발을 통해 품질을 높여 수출 경쟁력을 키워야 해요. 수출 경쟁력이 뛰어나다는 것은 같은 물건을 생산할 때 다른 나라보다 유리하다는 뜻이에요. 수출 경쟁력이 뛰어난 상품이 많으면 수출을 많이 할 수 있고, 이를 바탕으로 나라의 경제가 발전할 수 있어요.

또한 좋은 디자인을 개발하고, 꾸준히 우리 제품을 알리기 위해 노력해야 무역 강국으로서의 자리를 계속 지킬 수 있답니다.

우리나라 무역의 문제점

① 무역 의존도가 높아요.
② 미국, 중국, 일본 등 특정한 국가에 수출을 의존해요.
③ 주요 부품을 해외에서 수입해요.
④ 수출이 몇 가지 품목에 치중되어 있어요.
⑤ 주요 원자재의 수입 비중이 높아요.
⑥ 제품의 수출 경쟁력이 낮아요.

해결 방안

① 여러 나라와 다양한 거래가 필요해요.
② 수출 품목을 늘려나가야 해요.
③ 품질을 개선하고, 기술을 개발해야 해요.
④ 대체 에너지를 개발해야 해요.
⑤ 우리나라 제품과 기업을 적극적으로 홍보해야 해요.

알아봅시다!

북한은 어떤 무역을 할까?

북한은 남한보다 천연자원이 풍부한 편이에요. 산이 많아 광산물이 많이 묻혀 있죠. 하지만 땅이 넓은 다른 나라에 비한다면 자원이 적은 나라에 속한다고 할 수 있어요.

북한 역시 국민 경제에서 수출, 수입이 차지하는 부분이 큽니다. 무역 의존도가 80%가 넘고, 주로 중국과 거래를 많이 하고 있어요.

지금 북한은 우리나라 산업화 이전과 비슷한 무역 거래 모습을 보여 주고 있어요. 석탄, 철광석, 마그네사이트 등 주로 천연자원을 수출하고 기계, 전기 전자 제품을 수입하고 있어요. 수출은 32억 2천만 달러로 우리나라 수출 규모보다 매우 작은 편이에요.

북한은 중국을 비롯해 러시아, 인도, 태국, 싱가포르 등의 아시아와 주로 교역을 하고 있어요. 우리와는 다르게 일본, 미국과의 거래는 거의 없는 편이에요.

우리와는 농산물, 석탄, 생필품 등을 거래하는데, 남한의 비누와 화장품이 큰 인기 상품이라고 합니다.

(출처 : 대한무역투자진흥공사(KOTRA) 북한 대외 무역 동향, 2013.)

3 역사 속 무역 이야기

삼국 시대부터 활발했던 우리나라 무역

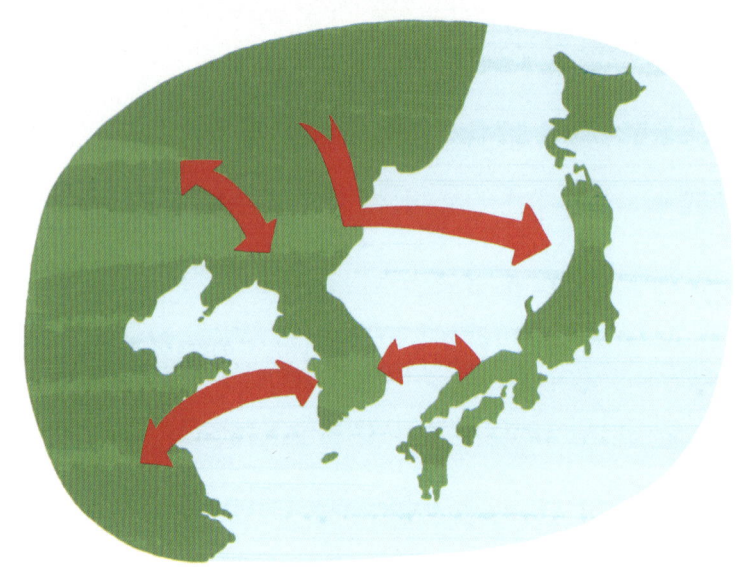

우리나라 위치가 중국과 일본의 가운데 있다 보니, 삼국 시대부터 두 나라와의 교역이 활발했어요. 중국을 통해 넘어온 물건과 문화를 일본으로 전파해 주기도 하고, 우리나라에서 나오는 토산물들을 중국에 수출하기도 했어요.

삼국 시대 무역은 나라 간의 '조공 무역'과 무역 사절단을 따라다니며 일했던 상인들의 '민간 무역'으로 이루어졌어요. '조공'이라고 하면 황제의 나라에 바치던 예물을 말하는데요. 예물을 받은 나라에서는 받은 물품만큼 다른 물품을 다시 보내 주었어요. 조공이라는 형식을 빌려 교역이 이루어졌다고 할 수 있어요.

옛날에는 다른 나라 사람들이 시장에 들어와 거래하려 하면 조공을 바치게 했어요. 조공은 사실 무역 거래를 할 수 있게 허락해 주는 승인서 같은 역할을 했어요. 나라와 나라 사이에 이루어진 일종의 '공무역'이라고 할 수 있어요.

중국과의 조공 무역을 통해 삼국 시대에 들어온 대표적인 물건은 구리거울, 즉 동경(銅鏡)이었어요. 중국에서 실용품으로 퍼져 있던 동경이 삼국으로 수출된 뒤, 우리나라에서도 동경을 직접 만들게 되었어요.

지금처럼 외국과의 거래가 쉽지 않았던 삼국 시대에는 조공 사절을 따라 많은 상인이 외국을 드나들었고, 그들을 통해 무역이 이루어졌답니다.

중국뿐 아니라 우리나라 주변의 여러 나라 역시 우리나라에 조공을 바쳤어요. 이를 통해 다양한 문물들이 서로 오갈 수 있었죠.

삼국 시대에 유명했던 수출품은?

옛날부터 우리나라 북쪽 지방에서는 질 좋은 철이 많이 생산되었어요. 고구려는 대표적인 철 생산국이었죠. 중국을 비롯해, 선비나 거란족에게 철을 팔고 말이나 도자기, 유리 등 다른 물품들을 샀어요.

고구려는 중국과 가까워서 백제나 신라보다 중국 문물이 빨리 들어왔고, 고구려를 통해 중국의 종이와 붓 등이 일본으로 전파되었어요. 우리나라에 들어온 중국 문물을 고구려가 다시 일본에 수출한 것이지요.

가야 역시 철이 많이 생산되어, 철을 수출하거나 철제 무기를 만들어 수출했다고 해요. 일본과도 교류가 있었는데, 일본에 토기 제작 기술을 전해 준 나라가 가야였어요.

일본과 지리적으로 가장 가까웠던 신라는 왜구의 침입으로 다른 나라에 비해 교류가 적은 편이었어요. 하지만 신라의 배 만드는 기술이 일본에 전수되기도 했어요.

백제는 일본과 가장 교류가 활발했어요. 백제는 일본에 불교를 전파했고, 그림과 도자기, 직조 기술 등 다양한 문화를 함께 수출했어요. 그래서 지금도 일본의 옛 문화재를 살펴보면 백제와 비슷한 점을 많이 찾을 수 있어요.

삼국 시대에는 고구려뿐만 아니라 백제, 신라에서 모두 옷감 만드는 기술이 발달했어요. 옷감을 만드는 여인의 모습이 고구려 벽화에 나오기도 해요. 삼국에서 만들어진 견직물, 마직물, 모직물 등은 중국이나 일본에 수출되었어요.

대안리 1호 무덤 벽화 '베 짜는 여인'

삼국 시대에 교역했던 나라들

가까운 위치에 있었기에 중국, 일본과 가장 많이 교역했어요. 하지만 우리가 알고 있는 것보다 훨씬 다양한 나라와 교류가 있었어요.

백제나 신라의 고분에서 유리 장식품이 발견되었는데, 그 장식품의 제작 방법이나 모양이 아주 다양해요. 중국 것과 비슷한 구슬도 있지만, 중국 너머의 먼 나라 것으로 보이는 구슬도 있지요.

전라남도 해남 군곡리 패총에서 발견된 초록 유리구슬은 지중해 동부 지역인 시리아 부근에서 발견된 구슬과 같은 소다계(유리의 성분) 유리예요.

삼국 시대에는 중국, 일본을 넘어 북방의 선비, 거란족에서부터 남방의 동남아시아, 중동 시리아 부근까지 교류가 이루어졌음을 알 수 있어요.

해상 무역을 일으킨 신라의 장보고 장군

장보고는 통일 신라의 장수로 지금의 완도인 청해진에 진영을 만들어 신라인들이 안전하게 뱃길을 지날 수 있도록 보호했어요.

원래 장보고는 당나라로 건너가 군인으로 활동했어요. 그 당시 중국에는 당나라가 있었는데, 신라인이 당나라로 잡혀 와 노예로 팔리는 것을 보게 되었어요.

분개한 장보고는 신라에 돌아와 왕에게 당나라의 해적들이 신라인을 잡아가지 못하도록 완도에 진영을 만들어 신라인을 보호하겠다고 청했어요.

당나라 해적들을 물리친 장보고는 서해의 해상권을 장악했어요. 당나라와 일본을 오가던 신라의 무역선들은 안전하게 무역할 수 있게 되었어요. 해상 무역을 장악한 장보고는 일본과 당나라, 동남아시아까지 활동 영역을 넓혔고, 해상 무역을 통해 큰 부를 축적했어요.

장보고는 해상 무역으로 크게 성공했을 뿐 아니라 해적들로부터 무역선들을 안전하게 보호해 주었어요. 신라는 물론 당나라, 일본까지 명성을 떨쳐, 사람들은 장보고를 '해상왕'이라고 불렀어요.

신라 제품에 적혀 있던 제품 정보

일본 나라현 도다이지[東大寺] 절에는 쇼소인[正倉院]이라는 왕실 유물 창고가 있어요. 이곳에는 통일 신라 시대의 무역품들이 여러 개 보관되어 있어요. 신라에서 만든 순모 깔개라든가, 신라 먹, 금동 가위 등을 볼 수 있어요.

그런데 이 유물들에서 재미있는 징표들이 발견되었어요. 신라 깔개의 한쪽 면에 작은 베 조각이 붙어 있는데요. 그곳에는 순모 깔개를 만든 공방의 이름이 무엇이며 물건의 이름은 무엇인지, 몇 개를 보내왔는지 적혀 있어요.

신라 먹에도 한자로 글귀가 새겨 있어요. 어느 공방에서 만든 먹인지 표시한 것이에요. 그 당시 일본에서는 신라에서 만든 물건이 아주 인기가 많았다고 해요. 이 징표들은 메이드 인 신라를 표시하는 일종의 라벨이었던 셈이에요.

일본 쇼소인에 있는 신라 먹

먹 위에 어느 공방에서 만들었는지 새겨져 있어요.

발해가 해동성국이라 불린 이유는?

'해동성국'은 바다 동쪽의 번성한 나라라는 뜻이에요. 중국에서는 발해를 해동성국이라고 불렀어요. 발해는 일본에 34회, 중국에 100회 이상의 사절단을 보냈어요. 그만큼 주변 나라와 왕성한 무역이 이루어졌어요.

발해는 목축이나 수렵, 어로 활동이 활발하여 동물의 털가죽과 농산물 등 특산물을 중국에 수출했어요. 반대로 중국에서는 금과 은으로 만든 그릇이나 공예품, 책 등을 수입했어요.

일본에서는 섬유 원료가 발해로 수입되었는데요. 발해는 섬유 원료를 들어와 가공 작업을 거쳐 중국에 다시 수출하기도 했어요.

고려에서 유래한 이름 코리아

코리아(Korea)는 서양에서 우리나라를 부르는 명칭이에요. 외국에 우리나라가 처음 알려진 것은 13세기경 프랑스 인 수도사 G. 뤼브뤼키가 쓴 ≪동방여행기≫를 통해서예요.

이 여행기에는 중국의 동쪽에 '카울레(Caule)'라는 나라가 있다고 적혀 있는데, 바로 고려를 이르는 말이에요.

중국에서는 고려를 '까우리'라 불렀는데, 외국인에는 '카울레'라고 들렸던 것이지요. 마르코 폴로의 ≪동방견문록≫에도 '카울리'라고 적혀 있어요. 카울레, 카울리는 점차 발음이 바뀌어 코리아로 정착했어요.

우리는 코리아로 부르지만 프랑스나 독일에서 코레, 코레아라고 부르는데요. 어때요? 고려와 발음이 매우 비슷한가요?

고려의 유명한 수출항

요즘은 외국에 갈 때 대부분 비행기를 타지요. 그래서 인천 공항을 우리나라의 대문이라 부르기도 하는데요. 고려 시대에도 인천 공항처럼 우리나라의 대문 역할을 했던 곳이 있었어요.

바로 '벽란도'예요. 벽란도는 지금의 황해도 예성강에 있는 항구로 예성항이라고도 했어요.

벽란도는 서해와 연결되어 있어 편리하게 바다로 드나들 수 있어서 중국 상인을 비롯해 일본, 아라비아 상인까지 각국의 상인들이 오가며 거래했어요.

서해안은 원래 갯벌이 발달해서 커다란 배가 잘 들어올 수 없는데, 벽란도는 바다 수심이 깊어 큰 배도 자유롭게 왔다 갔다 할 수 있었죠. 무엇보다 고려의 수도였던 개성과 가까워서 외국 사절단이나 상인들이 많이 이용했어요.

고려의 대외 무역도

거란
비단, 말, 양
인삼, 문방구,
화문석
여진
은화,
면포,
비단
금,
말,
무기
벽란도
고려
인삼,
곡식, 책
일본
수은,
유황
악기,
화폐, 책
송
인삼,
모시,
종이

수은, 향료, 상아
구리, 철, 비단
아라비아
고려

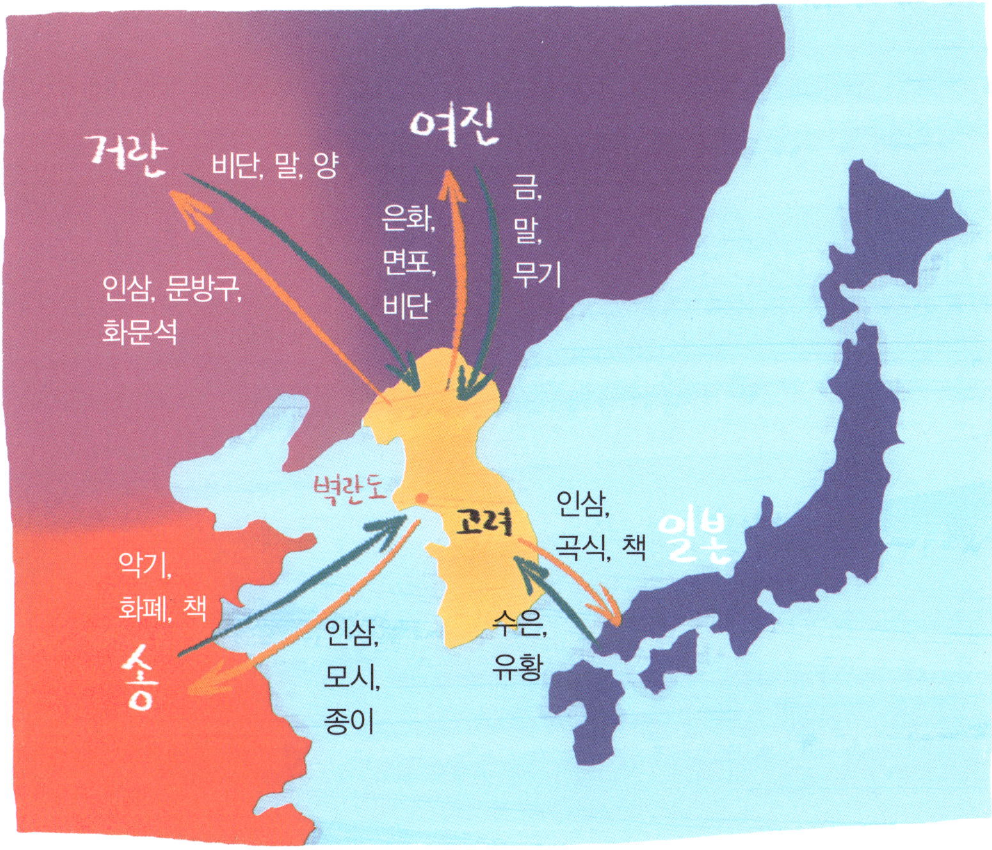

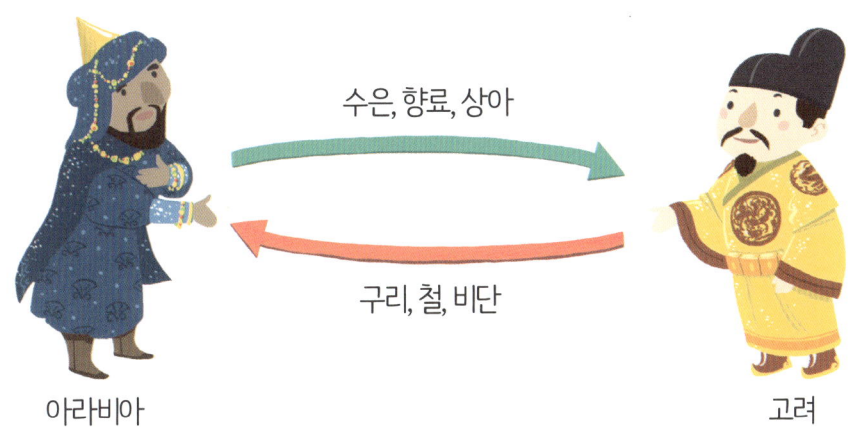

동양과 서양을 이어 주는 무역 길 실크 로드

실크 로드(비단길)는 동양과 서양을 이어 주는 대표적 무역 길이에요. 동양에서 서양으로 건너간 대표적 상품이 실크였기 때문에 이 길을 '실크 로드'라고 불렀어요.

중국 상인을 비롯해 아라비아 상인, 유목민들이 이 길을 오가며 무역을 했고 문화가 전파되었어요.

인도의 불교가 중국에 전파된 것도, 중국의 종이나 도자기가 서방 세계에 알려진 것도 이 길 덕분이에요.

실크 로드를 통해 가장 활발히 교역이 이루어진 시대는 중국의 당 시대였어요. 그 뒤 동서양을 잇는 뱃길과 다른 교역로들이 개척되어 더 많은 무역이 이루어졌어요.

고려와 교역했던 대식국

대식국은 중국 당나라 때에 아라비아를 가리키던 말로, 지금의 이라크나 사우디아라비아가 있는 중동 지역이 해당해요.

≪고려사≫를 보면 1024년과 1025년에 대식국 상인 100여 명이 와서 대식국의 토산물을 바쳤다고 나와 있어요. 상인들은 고려 임금에게 예물을 바치고 무역권을 얻었어요. 책에는 3차례 대식국 상인이 들어왔다고 적혀 있는데, 예성항까지 아라비아의 배가 들어와 교역했다니 신기하지 않나요?

고려는 외국 상인들에게 큰 제한을 두지 않았어요. 임금에게 예물을 바치고 허락만 받으면 비교적 자유롭게 거래할 수 있었어요. 그래서 벽란도는 언제나 외국 상인들이 북적거리는 국제 무역 항구였어요.

고려 시대 수출품과 수입품

고려는 중국을 비롯해 일본, 아라비아 등 여러 나라와 거래했어요. 특히 송나라와 활발히 무역했어요.

고려 시대 중국은 한족이 세운 송나라와 북쪽의 이민족이 세운 요(거란), 금(여진), 원(몽골)으로 나뉘어 있었어요.

고려 사람들은 문화적으로 앞서 있던 송의 문물을 받아들이고 싶어 했기에 벽란도를 통해 많은 송나라 상인이 들어왔어요.

　송나라에서 고려로 들어온 물건에는 비단을 비롯해 책, 차, 술, 악기 등 사치품들이 많았어요. 고려는 인삼이나 모시, 붓, 먹 등의 특산물과 장도, 나전칠기 같은 다양한 수공예품들을 수출했고요. 특히 고려의 인삼과 모시는 품질이 뛰어나 중국에서도 인기가 많았다고 해요.

고려 후기에는 원나라와 주로 무역했어요. 모시, 비단 등 옷감류와 도자기, 동물 가죽, 화문석 등이 원에 보내졌어요. 원나라는 고려에 실크로 만든 옷이나 화살, 검, 자기 등을 답례로 보내 주곤 했답니다. 특이하게도 몽골족의 전통에 따라 고려에 양을 보내기도 했지요.

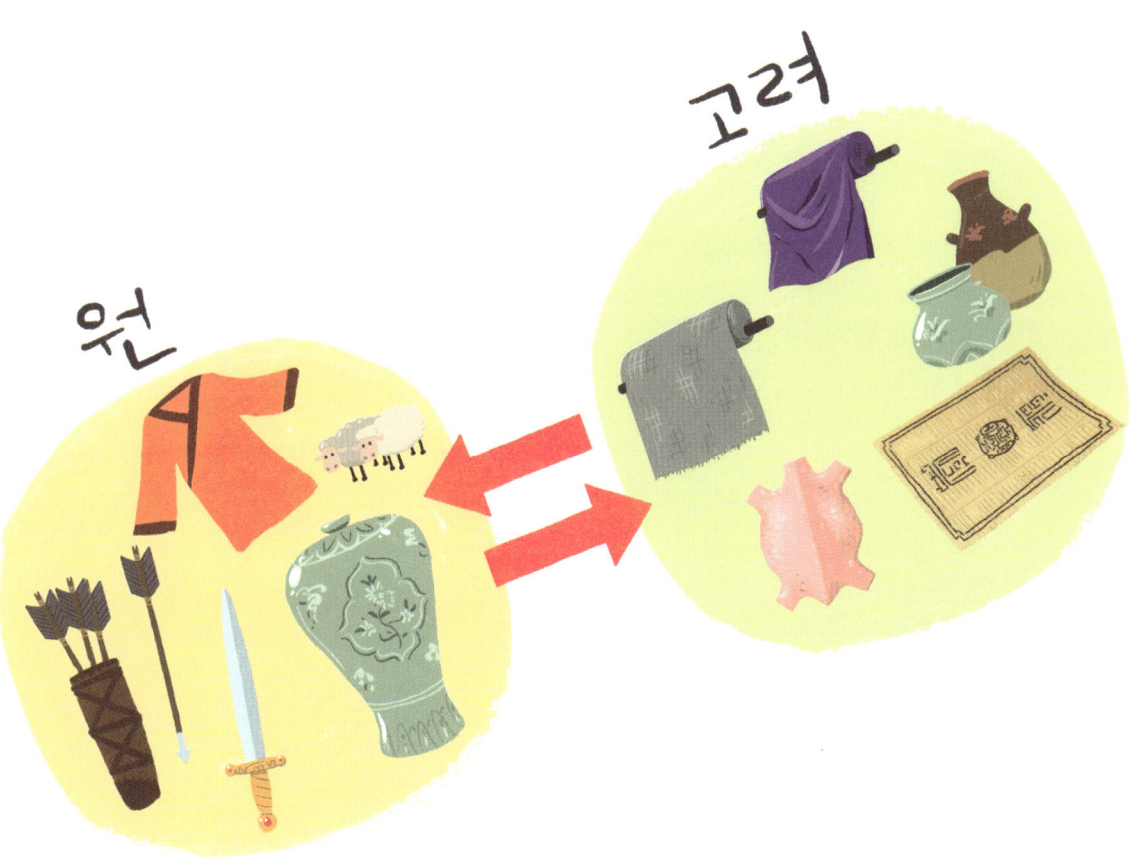

조선 시대의 상인의 지위

조선은 유교를 중시하는 나라였어요. 직업에 따라 신분도 다르게 대접을 받았지요.

사농공상(士農工商)은 그 당시 직업에 따라 나뉘었던 신분 제도라고 할 수 있는데, 선비, 농업인, 공업인, 상인을 뜻해요. 선비를 제외한 농민, 장인, 상인 등이 일반 양민에 속했어요. 선비가 가장 높은 계급이었고, 농민, 장인, 상인 순이었어요.

조선 시대 초기에는 나라의 근간을 땅과 농민에 두었기 때문에 상업보다는 농업을 장려했어요. 임진왜란 이후 농촌이 황폐해지자 많은 농민이 도시로 모여들어 상인이 되었죠. 이후 조선 상업이 활기를 띠게 되었고, 일본과 중국을 잇는 무역 거래들이 늘어났어요.

상인들은 조선의 상권을 장악하며 양반보다 부자가 되기도 했어요. 하지만 조선의 사농공상 계급 제도는 1894년 갑오개혁으로 없어질 때까지 500년 가까이 유지되었어요.

조선 시대 무역의 특징

조선의 해외 무역은 시대별로 조금씩 차이가 나는데요. 원나라 다음에 중국에는 명나라가 세워졌어요. 유교와 성리학의 본고장이라고 할 수 있는 명나라를 조선은 극진히 대우했어요.

조선 초기에는 명과의 조공 무역이 주를 이루었지만, 임진왜란과 병자호란 이후 조선 무역에도 큰 변화가 생겼어요.

17세기(1601~1700년) 중반부터 조선은 청나라와 일본을 잇는 중개 무역을 담당했는데요. 중국에서는 잡화와 비단을 들여왔어요. 여기에 조선에서 생산된 질 좋은 인삼까지 함께 일본에 다시 수출했어요.

그때 은이 중요한 경제 수단이었던 중국에 일본의 왜은을 되팔아 큰 이득을 보았어요. 하지만 18세기(1701~1800년) 이후 청나라가 일본과 직접 무역을 시도하면서 조선의 중개 무역도 새로운 변화를

맞게 되었어요.

  일본과 청의 직접 거래로 중개 무역을 담당했던 조선 상인들은 큰 타격을 입었어요. 조선 상인들은 신상품 개발로 문제를 해결했어요. 홍삼을 만들어 중국에 수출하기 시작한 것이에요. 이후 중국에서는 조선의 홍삼을 처리하기 위해 고려 인삼국까지 설치할 정도로 홍삼이 인기를 끌었어요.

개성상인, 의주상인, 동래상인 등은 무엇일까?

조선 후기 상업이 발달하면서 지역별로 상인 집단이 만들어지기 시작했어요. 활동했던 지역 이름을 따서 개성상인, 의주상인, 동래상인 등으로 불렸어요. 이 상인들은 조직을 만들어서 활동했는데, 국내뿐 아니라 해외 무역까지 할 정도로 세력이 컸어요.

개성을 중심으로 활동했던 상인들을 '개성상인' 또는 '송상'이라 불렀어요. 고려의 수도였던 개성은 역사가 깊은 상업 도시였어요. 서울과도 가깝고 중국에도 배를 통해 자유롭게 왕래할 수 있어서 국제 무역도 활발히 이루어졌어요. 개성상인들은 인삼과 종이, 비단 등을 거래하며, 전국적인 상단으로 활동했어요.

의주는 함경도에 있는 국경 도시예요. 중국 사신이 오갔던 중요한 관문으로서 정치, 외교 요충지였어요. 의주상인들은 주로 중국과의 무역을 담당했어요.

의주상인들은 국내 시장을 꽉 잡고 있던 개성상인들과 밀접하게 연결되어 있었어요. 의주상인들이 중국에서 물건을 들여오고, 개성상인들은 국내에서 판매했던 것이지요.

수출할 때는 반대로 개성상인들이 전국을 돌며 물건을 모아서 의주상인에게 건넸어요. 의주상인들은 중국 상인들과 협상을 통해, 국내 생산품들을 판매하곤 했답니다.

일본과의 교역을 주로 담당했던 상인들도 있어요. 바로 동래상인들로, 동래부 부산포에 있던 왜관에서 활동하던 상인들이에요. 의주상인이나 개성상인과 달리 동래상인은 20명, 30명으로 정원을 제한했다고 해요.

동래상인은 주로 일본에 인삼을 수출하고 은을 받아 중국에 수출했는데요. 의주상인과 마찬가지로 개성상인과 긴밀한 관계를 유지하며 일본 무역을 이끌었다고 합니다.

역사 속 우리나라 대표 수출품

역사 속 우리나라의 대표 수출품들이에요. 시대마다 달랐던 다양한 무역 상품들을 보면, 그 시대 우리나라가 경쟁력을 갖고 있던 산업이 무엇이었는지 알 수 있어요.

삼국 시대
철, 옷감

통일 신라 시대
신라 먹, 금동가위

고려 시대
고려청자, 인삼, 붓

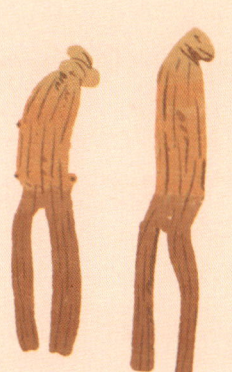

조선 시대
홍삼

4 세계화 시대와 우리나라 무역의 미래

무역 세계화로 달라지는 지구

요즘 학교 교실에서는 수업 시작 전에 휴대 전화를 걷는 것이 자연스러운 풍경이 되었는데요. 교탁 위에 모인 휴대 전화를 보면 다양함에 깜짝 놀랄 거예요. 우리나라의 삼성이나 LG의 휴대 전화도 있지만, 미국이나 핀란드의 휴대 전화도 많이 볼 수 있거든요.

옛날에는 일본이나 미국산 학용품을 가진 학생들이 부러움의 대상이었어요. 하지만 지금은 너무 흔한 물건이지요. 세계 각국의 물건이 수입되고, 우리나라 물건도 세계 곳곳에 수출되기 때문이에요.

그뿐만 아니라 지구 반대편 나라에서 파는 물건도 인터넷을 통해 편리하게 살 수 있어요. 마치 지구가 하나의 시장인 것처럼 말이에요. 중국에서 만든 옷을 전 세계 사람들이 입고 세계 도시마다 맥도날드 햄버거 매장이 있어요.

이렇게 '세계화'는 지구가 하나의 세상처럼 연결되는 것을 말해요. 정치, 경제, 사회, 문화, 과학 등 다양한 분야에서 서로 많은 영향을 주고받으면서 세계 여러 나라가 하나로 연결되는 과정이지요.

　전 세계 사람들은 인터넷을 통해 실시간으로 의견을 교환하고, 사회, 문화뿐 아니라 경제적으로도 서로 영향을 주고받아요.

나라 간 무역도 세계화되고 있어요. 기업들은 기술과 생산력이 좋아지면서 점점 넓은 시장이 필요하게 되었어요. 각국의 '무역 장벽'을 없애고, 서로 자유롭게 거래하기를 원하고 있어요.

물건뿐 아니라 서비스와 노동 등 제품을 만드는 데 필요한 모든 것이 자유롭게 이동하고 있어요. 외국 사람들이 우리나라에 투자하기도 하고, 우리나라 사람이 외국 회사에서 일하기도 해요. 어느 나라인가가 더 이상 중요한 기준이 아닌 세상으로 바뀌고 있어요.

무역 세계화의 장점과 단점

세계화가 이루어지면 기업들은 더 넓은 시장에서 많은 상품을 팔 수 있어요. 기업들은 전 세계 어디든 더 사업하기 좋은 곳을 찾고 있어요. 인건비가 낮은 곳을 찾아가거나, 세금이 적은 나라를 찾아 비용을 줄이는 것이지요. 개발 도상국에는 새로운 회사들이 늘고 일자리가 많아져 좋겠지요.

세계화는 소비자에게도 이득을 줘요. 세계화로 경쟁이 더 치열해져 기업들이 가격을 낮춰 좀 더 싼 가격에 물건을 살 수 있어요. 무엇보다 전 세계의 문화와 상품이 실시간으로 소개되어 원하는 상품을 언제라도 구할 수 있게 된답니다.

세계화를 반대하는 사람들도 있어요. 무역 세계화는 결국 선진국을 위한 것으로 생각하기 때문이에요.

선진국들은 이미 오랜 기간 산업화를 진행했기 때문에 경제적으로 안정되어 있어요. 하지만 아직 개발 도상국들은 국내 산업이 제대로 경쟁력을 갖지 못한 상태예요. 어른과 아이처럼 경제 상태가 다르다는 것이지요.

그런 상황에서 값싸고 질 좋은 외국 제품이 들어오면, 개발 도상국에서 만든 제품은 잘 팔리지 않을 거예요. 결국 비슷한 생산품을

만들던 회사들이 모두 없어지겠죠.

외국 회사는 처음에는 그 나라 제품과 경쟁해야 하니까 싼 가격에 물건을 수출하지만, 경쟁할 회사가 없어지면 더는 싼 가격에 수출하지 않을 거예요.

회사가 없어지니 사람들은 직장을 잃게 될 테고, 물건 가격도 비싸질 수밖에 없어요. 세계화를 반대하는 사람들은 결국 개발 도상국 사람들의 생활은 점점 나빠질 거라 경고하고 있어요.

다국적 기업들은 남아메리카나 동남아시아 등에 공장들을 많이 세우는데요. 개발 도상국의 싼 인건비를 이용하기 위해서예요.

얼핏 생각하면, 일자리가 늘어서 좋지 않을까 생각할 수 있어요. 하지만 모든 이윤은 다국적 기업이 챙겨가고, 저개발 국가의 노동자들은 싼 임금에 노동력만 빼앗기게 될 수 있다고 해요.

최근에는 환경 문제가 중요한 이슈로 떠오르고 있는데요. 급격히

들어선 공장 때문에 개발 도상국들의 환경이 급격히 나빠지고 있기 때문이에요.

세계화는 우리에게 '기회'이기도 하고 '위험'이기도 해요. 우리나라는 땅도 작고 인구도 많지 않아 다른 선진국보다 국내 시장이 작은 편이에요. 당연히 앞으로도 수출을 늘리는 경제 정책이 이어질 거예요.

세계화로 지구 전체가 우리 시장이 될 수 있어요. 주변 나라들에 몰려 있던 무역 시장을 남아메리카, 동유럽, 아프리카 등 다른 나라로 넓히면 수출도 늘어나고 새로운 기회도 만들 수 있어요.

우리나라는 반도체나 자동차, 휴대 전화 등 IT 사업에서 수출 강대국이에요. 이런 분야들은 빠르게 기술이 발달하는 분야이므로 우리가 시장을 이끌어 갈 수 있도록 새로운 기술을 개발해야 해요. 아이디어와 기술력이 좋은 중소기업을 키우는 것도 우리나라 수출 경쟁력을 키울 수 있는 한 방법이에요.

세계화를 돕기 위한 국제기구, WTO

나라 사이에도 물건을 사고팔다 보면 문제가 생길 수 있는데요. 그럴 때는 누가 문제를 해결해 줄까요?

세계화는 나라 간의 국경을 없애고 전 세계가 자유롭게 소통하자는 것이에요. 무역에서는 '보호 무역'을 없애고 자유롭게 거래하는 것이죠. 많은 나라가 다른 나라에 장벽 없이 수출하기를 원하고 있어요. 그래서 나라 간에 좀 더 원활하게 무역할 수 있도록 도와줄 수 있는 국제기구를 만들었어요. 바로 세계 무역 기구(WTO)예요.

원래 세계 무역은 '관세 무역 일반 협정(GATT)'이라는 국제 무역 협정을 기준으로 이루어졌는데요. 회원국끼리 관세를 낮춰 주고, 수출입을 방해하는 조치들을 하지 말자는 약속이었어요.

　GATT는 국제기구가 아니어서 협약을 어겼거나 다른 문제가 발생했을 때 해결할 수 없었어요. 더구나 국제 거래가 많아지면서 나라 간에 다양한 무역 분쟁이 발생했지만, 해결해 주지 못했어요.

　결국 GATT를 대신할 강력한 국제기구를 만들기로 했고, WTO가 새로 만들어져 1995년 일을 시작했어요.

　WTO는 나라 간에 무역 분쟁이 발생했을 때 누가 잘못했는지 가려 주는 판결권을 가지고 있고요. 잘못된 무역 거래에 대해서는 바로잡으라고 명령을 내릴 수도 있어요. GATT에는 없었던 법적 권한을 가진 강력한 무역 국제기구가 만들어진 것이지요. 2013년 기준 159개 나라가 WTO 회원국으로 활동하고 있어요.

FTA는 무엇일까?

FTA는 자유 무역 협정(Free Trade Agreement)이라는 영어의 약자예요. 협정을 맺은 나라끼리는 국내에서 물건을 거래하는 것처럼 자유롭게 무역을 하자는 약속이에요. 세계화를 위한 나라 간의 약속인 셈이죠.

WTO가 회원국에 공평히 적용되는 무역 거래 조건이라면, FTA는 협정을 체결한 나라 사이의 개별 무역 조건이에요. 협정을 맺은 나라에만 무역 특혜를 주는 것이지요.

FTA는 나라 대 나라가 맺는 무역 동맹이라고 할 수 있어요. 그래서 오랫동안 서로의 입장을 들어보고 협상을 진행한답니다. 우리나라의 첫 FTA는 칠레와의 FTA로, 1999년에 협상을 시작해서 4년 만에 계약했어요.

　다른 나라와의 FTA도 대부분 2~3년의 협상 기간을 거쳤어요. 보통 계약을 맺은 뒤 1년 정도 준비 기간을 거친 다음 시행하고 있어요.

　FTA는 개별 나라와 일대일로 진행되기도 하지만, 유럽 연합이나 아세안(동남아시아 국가 연합)처럼 국가 연합과 진행한 사례도 있어요.

　2015년 1월 기준으로 우리나라는 현재 15개의 FTA를 체결했어요. 국가 연합에 포함된 개별 나라 수까지 모두 계산하면 약 54개국과 FTA를 맺은 상황이에요. (출처 : 산업 통상 자원부, 2015.)

이들 나라 말고도 일본과 멕시코를 비롯해 여러 나라와 자세한 무역 조건을 얘기하고 있어요. 지금 세계는 모든 분야에서 세계화 바람이 불고 있어요. 앞으로도 우리나라의 FTA 협약은 계속 늘어 날 거예요.

우리나라의 FTA(자유 무역 협정) 체결 현황

FTA 체결 국가 : 칠레, 싱가포르, EFTA 4개국, ASEAN 10개국, 인도, EU 27개국, 페루, 미국, 터키, 호주, 캐나다, 콜롬비아, 중국, 뉴질랜드, 베트남, 영국

EFTA(유럽 자유 무역 연합)
유럽 공동체에 대항하여 생긴 자유 무역 기구. 유럽 연합에 참가하지 않은 스위스, 노르웨이, 아이슬란드, 리히텐슈타인 4개국.

ASEAN(동남아시아 국가 연합)
1967년에 결성된 동남아시아 여러 나라의 정부 단위 협력 기구. 말레이시아, 라오스, 미얀마, 베트남, 브루나이, 싱가포르, 인도네시아, 캄보디아, 태국, 필리핀 10개국.

EU(유럽 연합)
유럽의 경제·사회 발전을 위해 1993년 11월 1일에 창립된 유럽 여러 나라의 정부 단위 협력 기구. 오스트리아, 벨기에, 체코, 키프로스, 덴마크, 에스토니아, 핀란드, 프랑스, 독일, 그리스, 헝가리, 아일랜드, 이탈리아, 라트비아, 리투아니아, 룩셈부르크, 몰타, 네덜란드, 폴란드, 포르투갈, 슬로바키아, 슬로베니아, 스페인, 스웨덴, 불가리아, 루마니아, 크로아티아 27개국.

FTA에서 다루는 내용

 FTA는 나라끼리 개별적으로 체결하는 계약이에요. 어느 나라와 협정을 맺는가에 따라 내용이 달라질 수 있죠. 예를 들어 칠레 FTA에는 농산물에 대해 특별 조항이 포함되었어요. 우리나라 포도 수확기를 고려해서, 계절별로 다른 관세를 적용하고 있죠. 우리나라 포도 농가도 보호하면서 포도가 나지 않는 겨울에는 관세를 더 인하해서 사람들이 포도를 싸게 살 수 있도록 한 거예요.

어떤 상품을 주로 수출하고, 무엇을 수입할지, 관세는 얼마나 인하할지 정하기 나름이지요. 각 나라의 대표는 최대한 자기 나라에 유리한 무역 조건을 만들기 위해 노력한답니다.

초기의 FTA는 자유 무역과 관세 인하가 주된 내용이었어요. 최근에는 적용 범위가 계속 넓어지고 있어요. 상품과 서비스는 물론 투자 부분까지 FTA에 포함된 내용이 많아졌어요.

서비스 분야도 영화나 공연 등의 문화 상품에서 교육, 의료 분야까지 넓어졌는데요. 머지않아 제주도에 외국 유명 대학의 분교가 생긴다니, 굳이 먼 나라까지 유학 갈 필요가 없어지겠네요.

FTA의 좋은 점과 나쁜 점

세계 무역 기구가 생긴 이후, 세계 여러 나라의 자유 무역 협정이 계속 늘고 있어요. WTO 회원국 대부분이 1개 이상의 FTA를 체결한 상황이고, 앞으로도 계속 늘어날 거라고 해요.

그렇다면 왜 많은 나라가 FTA를 맺는 것일까요?

우선 협정을 맺지 않은 다른 나라보다 좋은 조건으로 상품을 수출할 수 있어요. 우리가 갖고 있는 좋은 제품은 수출하고, 우리에게 부족한 상품이나 서비스는 낮은 비용으로 들여올 수 있으니까요.

수출이 확대되면 회사가 잘 돌아가게 되어 일자리도 늘어날 수 있어요. 수출을 통해 외화를 벌 수 있으므로 나라 경제가 풍요로워질 수 있고요.

또 외국인이 우리나라에 직접 투자할 수 있게 되면, 이를 기반으로 새로운 사업을 진행할 수 있어요. FTA 체결 이후 외국인 직접 투자가 늘어난 사례가 많다고 해요.

FTA가 모든 산업 분야에 좋은 것만은 아니에요. 아직 경쟁력을 갖추지 못한 산업 분야는 아예 없어질 수도 있어요. 이런 문제점을 줄이기 위해 처음부터 관세를 아예 없애는 것이 아니라 단계를 두어 관세를 내리고 있어요.

　예를 들어 우리나라는 농업과 축산 분야의 경쟁력이 약한 편이에요. 미국이나 호주 등은 농가들의 규모가 크고, 기계화가 잘 되어 있어 대량 생산이 가능하거든요. 우리나라 생산물보다 훨씬 싼 가격에 수입될 수 있겠지요. 외국과 FTA 협약 얘기가 나올 때마다 농축산 농가에서 반대 운동을 펼치는 이유예요.

　우리가 외국과 농축산 부분에 대한 수입을 결정할 때는 오랜 기간 서서히 관세를 낮추고 있어요. 그동안 농가들이 경쟁력을 갖추게 하기 위해서예요. 대량 생산할 수 없는 특별한 작물을 재배한다거나, 품종 개발을 통한 새 상품을 만들어 우리만의 독자적인 농수산 시장을 개척할 수 있겠지요.

　또 외국에서 수입되는 농산물은 멀리서 오기 때문에 소비자에게 올 때까지 오랜 시간이 걸릴 수밖에 없어요.

그래서 농산물이 쉽게 시들지 않도록 농약이나 방부제 같은 화학 처리를 하는 경우가 많아요. 국산 농산물은 화학 약품을 쓰지 않는 안전한 먹거리 상품을 브랜드화 해서 유기농 상품 시장을 확보하는 것도 방법이 될 수 있어요.

세계 시장에서 우리나라의 경쟁력은 어느 정도일까?

우리나라는 전 세계에서 7번째로 수출을 많이 하고 있어요. 우리나라가 수출하는 것 중 세계 1등을 차지하는 품목이 60여 가지가 넘는데요.

특히 화학제품이나 철강, 전자 기계, 조선 분야에 수출 1등 품목이 많아요. 메모리 반도체를 비롯해 자동차 부품, 특수 선박 등은 전 세계에 가장 많이 수출되는 자랑스러운 한국 제품이랍니다. (출처 : 한국무역협회, 2015.)

메모리 반도체와 자동차 부품 등은 2008년부터 지금까지 1위 자리를 지키고 있어요. 그만큼 우리나라의 반도체 제작 기술이 뛰어나기 때문이겠지요.

우리나라 수출품 중 눈에 띄는 제품은 석유 제품인데요. 우리나라에서는 원유가 생산되지 않지만, 가공한 원유를 수출하고 있어요. 원유를 깨끗하게 걸러내는 정제 기술이 뛰어나기 때문이에요.

우리나라는 천연자원이 부족하지만 가공하고 발전시키는 기술력이 뛰어나요. 이것이 바로 세계 시장에서 버텨낼 수 있는 경쟁력이라고 할 수 있어요.

자동차는 세계 1위 수출국은 아니지만, 한 해 300만 대 이상 수출하고 있어요. 일본이나 미국 차보다 가격은 낮지만, 성능은 뒤지지 않기 때문에 외국인들에게 인기가 좋다고 해요.

우리나라 수출 상품 중 눈길을 끄는 제품이 있는데요. 사과술이나 배술 등 발효주예요. 우리나라 막걸리가 외국 사람들에게 인기를 끌면서 국산 발효주의 수출이 늘어나지 않았을까요.

알아봅시다!

2012년 수출 세계 1위 상품

품목
메모리 반도체
자동차 부품
유조선
특수선(조명선, 소방선, 기중기선 등)
세탁기
건조기
염색한 직물 등 섬유 제품
톨루엔 등 여러 가지 화학 물질
철·비합금강 평판 압연 제품
석유 아스팔트
철강제
사과술, 배술 등 발효주

한 눈에 보는 우리나라 무역 역사

4~7세기(301~700년)
고구려, 백제, 신라 등 삼국 시대에는 중국, 일본과 다양한 교역이 이루어졌음. 중국의 문화와 삼국의 문화를 일본에 전달함.

828년
장보고의 청해진 설치. 신라의 장보고는 현재의 완도에 청해진을 설치하여 무역선을 보호하고, 해상 무역으로 동남아까지 진출.

11~14세기(1001~1400년)
송나라, 일본, 대식국 등 여러 나라의 상인들이 벽란도를 통해 고려에 들어옴. 고려는 외국 상인들의 거래에 관대해 다양한 외국 물건들이 거래되었음.

1876년
강화도 조약 이후, 국제 무역항으로 부산항이 처음 개항.

1964년
제1회 수출의 날 지정. 해외에 본격적인 수출 시작. 수출액 1억 달러 시대.

1967년
관세 무역 일반 협정(GATT) 정회원 가입. 베트남에 선박 30대 수출.

2011년
무역 1조 달러 기록. 무역 1조 달러를 기록한 나라는 미국·독일·일본·중국·프랑스·영국·네덜란드·이탈리아 등 8개국.

2003년
우리나라 최초의 FTA 서명(칠레).

1996년
경제 협력 개발 기구(OECD) 가입.

1995년
세계 무역 기구(WTO) 회원국 가입.

1977년
수출 100억 달러 기록.
아시아에서 두 번째 100억 달러 수출국이 됨.

1976년
우리나라 최초의 자동차 수출.
에콰도르에 포니 5대 수출.

5 공정 무역이란 무엇일가요?

다람쥐 마을에 도토리 과자 집이 있었어요.

다돌이는 옆집 다순이가 만든 과자를 팔았죠.

맛있는 과자 덕분에 손님이 아주 많았어요.

더 이상 다순이 혼자 과자를 만들 수 없었죠.

다돌이는 커다란 벽보를 붙여 일할 사람을 구했어요.

"품삯을 얼마나 주어야 할까?"
다순이에게는 과자 하나 팔 때마다 도토리 5개씩 주었죠.

다돌이는 가장 적은 품삯을 부른 다식이를 채용했어요.

다식이는 친구들과 함께 과자를 만들었어요.

다돌이는 다순이에게만 도토리 5개를 주려니 아까웠어요.

"이제 도토리 5개를 줄 수 없어."
다순이는 일자리 잃는 것이 두려워 도토리 3개만 받기로 했어요.

결국 똑같이 일했지만, 형편이 나빠졌어요.

지구촌을 행복하게 만드는 공정 무역

　세계화나 자유 무역은 수출을 통해 나라 살림을 풍요롭게 만들 수 있는 방법의 하나예요. 하지만 우리가 앞에서 살펴본 것처럼 여러 가지 문제점도 있어요. 경쟁력이 약한 나라의 산업이 없어져 버린다거나, 인건비가 낮은 나라로 회사를 옮겨 버려 아예 직장을 잃을 수도 있어요.

　특히 회사가 옮겨진 개발 도상국에서는 일하려는 사람이 많다 보니 인건비가 갈수록 낮아지고 있어요. 이러한 문제점을 해결하기 위한 하나의 방법이 바로 '공정 무역'이에요. 다순이가 원래 받던 도토리 5개를 온전히 받을 수 있도록 하는 것이죠.

　공정 무역은 무역하는 두 나라가 똑같은 혜택을 받을 수 있도록 거래하자는 것이에요. 특히 선진국에 수출하는 개발 도상국의 상품들에 공정한 가격을 치르자는 사회 운동이에요.

　전 세계 무역 상품을 볼 때 선진국에서는 주로 공산품이, 개발 도상국에서는 농산물이나 천연자원 등이 많이 수출되고 있어요. 그런데 공산품보다 농산품이 훨씬 낮은 가격에 거래되고 있어요.

　많은 사람이 즐겨 마시는 커피는 주로 도시에서 팔리고 있는데, 커피의 원료인 커피콩은 브라질이나 코스타리카 등 남아메리카에 있는 나라에서 생산되고 있어요.

공정 무역은 네슬레나 스타벅스 같은 다국적 커피 회사가 아니라 커피 농장에서 일하는 커피 농민들에게도 정당한 몫만큼 돌아가게 하자는 운동이지요.

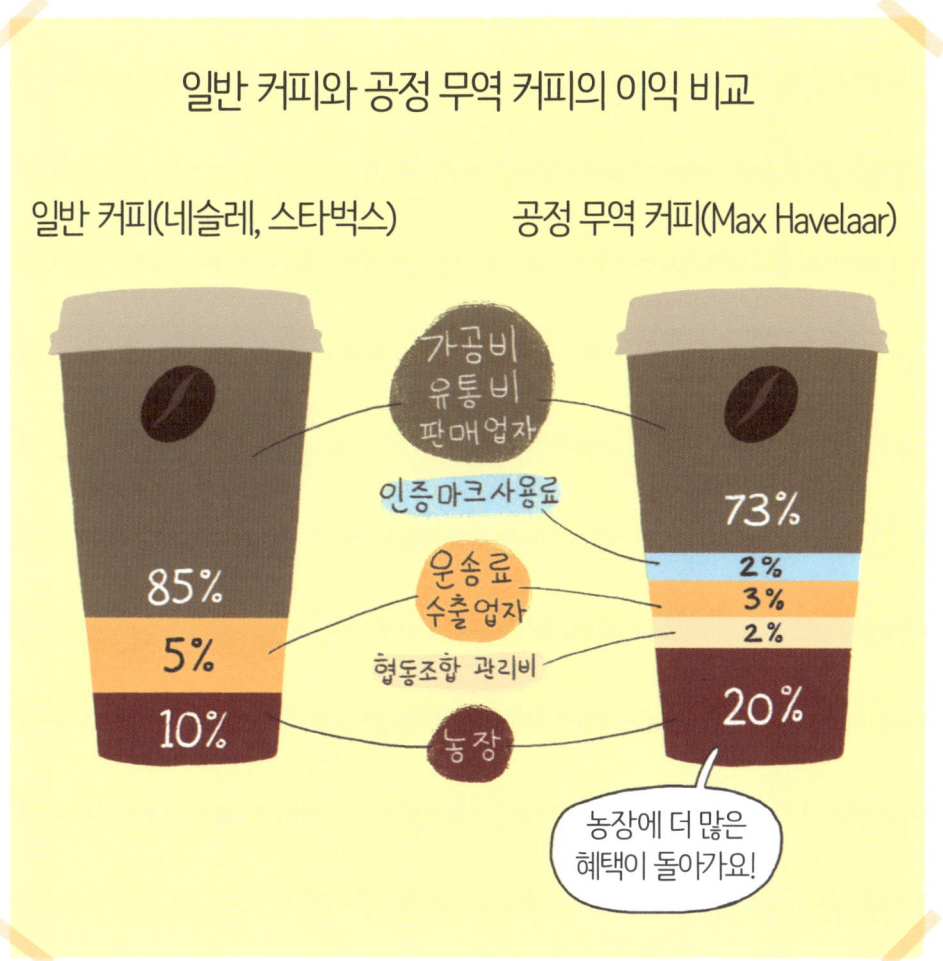

공정 무역이란 무엇일까?

물건을 거래하는 두 나라가 서로 공평하게 무역 혜택을 나누자는 공정 무역은 특히 물건을 만드는 사람에게 일한 만큼의 몫을 돌려주자는 데에 뜻을 두고 있어요.

많은 나라가 산업 발전으로 경제가 좋아지고 있지만, 아프리카나 남아메리카 등 개발 도상국에서는 굶주리는 사람들이 계속 늘고 있어요. 공정 무역 운동은 개발 도상국 생산자들이 가난에서 벗어날 수 있도록 도와주기 위해 펼쳐진 운동이에요. 생산자들이 경제적으로 자립할 수 있는 여러 가지 방법을 지원하고 있어요.

우선 생산자와 소비자의 직거래를 지원하고 있어요. 소규모 농가나 가내 수공업을 하는 사람들에게 직접 상품을 사 와서 도시의 소비자들에게 판매하는 것이에요. 다국적 기업을 통해 거래되는 많은 상품이 여러 단계의 유통 단계를 거치면서 생산자 몫이 줄어든다고 생각하기 때문이에요.

공정 무역 거래는 장기 계약을 원칙으로 하고 있는데요. 생산자들이 얼마만큼 수입이 생길지 예측할 수 있어야 미래를 계획할 수 있기 때문이에요.

공정 무역으로 상품을 거래하려면 생산자도 반드시 지켜야 하는 약속이 있어요. 우선 노동 착취는 절대 안 돼요. 어린이에게 노동을 시키거나 여자라고 해서 임금을 적게 주면 안 돼요.

두 번째는 건강한 노동 환경을 만드는 것이에요. 노동 법규가 엄하게 지켜지지 않는 나라에서 회사들은 비용만 아끼려고 해요. 그래서 공장이 비위생적이거나 위험한 곳이 많아요. 공정 무역을 하려면 생산자들의 건강을 해치지 않는 노동 환경을 만들어야 해요.

마지막으로 물건을 만들 때 지구 환경에 나쁜 영향을 줘서는 안 돼요. 공정 무역을 통해 판매하는 농산물의 경우, 유기농으로 농사를 지은 유기농 식품이 많다고 해요.
　공정 무역은 생산자에게는 정당한 대가를, 지구에는 깨끗한 환경을, 어린이와 여성 노동자에게는 차별 없는 세상을 만들어 주기 위한 사회 운동이라고 정리할 수 있겠네요.

공정 무역으로 산 초콜릿이 비싼 이유는?

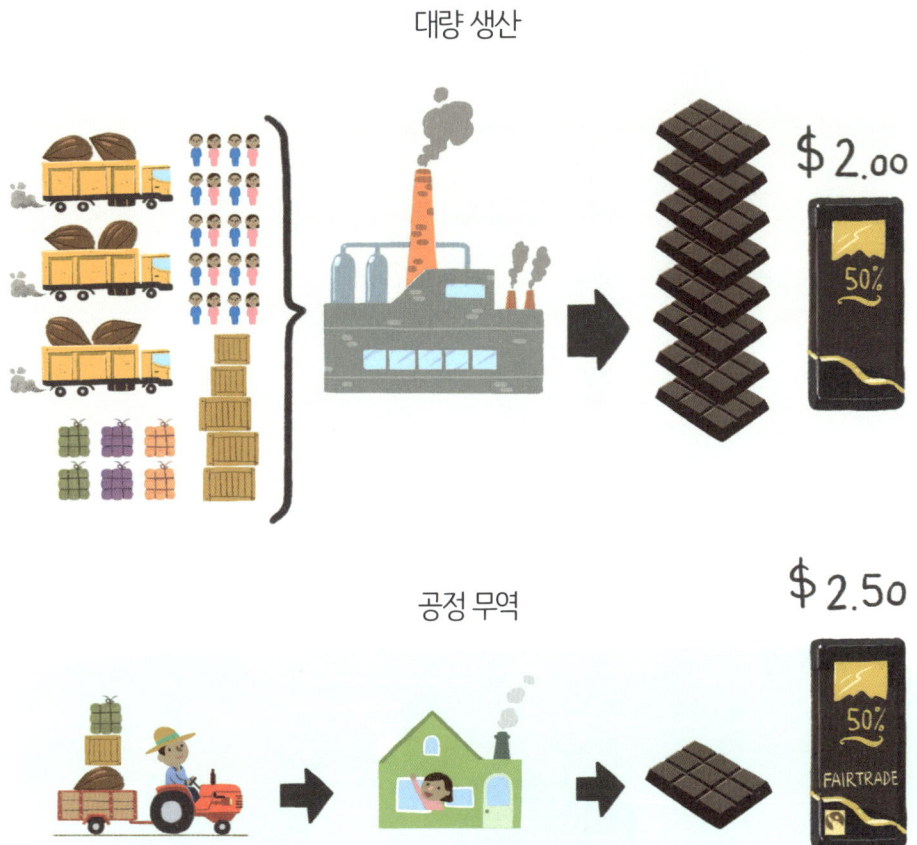

공정 무역을 통해 거래되는 상품들은 대부분 생산자가 직접 수출한 제품이 많아요. 대량 생산하는 공장 제품보다 물건이 비싼 데 왜 그럴까요?

우선 공장에서 생산할 때는 한꺼번에 많은 재료를 사기 때문에 조금씩 재료를 사는 공정 무역 생산자보다 훨씬 싼 가격에 재료를 구할 수 있어요.

또 공장에서는 기계가 빨리 작업하기 때문에 같은 시간이라도 손으로 일일이 작업하는 공정 무역 생산자보다 훨씬 많은 제품을 만들어낼 수 있어요.

따라서 싼 원료로 많이 생산하는 공장 제품보다 공정 무역 제품이 비쌀 수밖에 없어요.

공정 무역은 무역의 한 방법이기도 하지만, 시민 사회 운동이기도 해요. 물건을 선택할 때 싼 가격의 상품을 선택할 것인가, 사회에 도움을 주는 상품을 선택할 것인가는 소비자의 몫이에요.

공정 무역 초콜릿이 조금 비싸지만, 지구 반대편에 있는 누군가에게 도움을 주고 싶은 소비자는 공정 무역 초콜릿을 선택하겠지요.

윤리적 소비는 무슨 뜻?

여러분은 물건을 고를 때 무엇을 가장 먼저 살펴보나요? 가격이 얼마일까? 누가 만들었을까? 무엇으로 만들었을까? 사람마다 선택하는 기준이 모두 다를 텐데요. 물건을 살 때 윤리적으로 올바른지 따져 보고 고르는 소비자의 선택을 '윤리적 소비'라고 해요.

다른 사람이나 동물을 아프게 하고 만들어진 상품이나 자연환경을 해치는 물건을 사지 않는 것인데요. 공정 무역 상품을 사는 것은 윤리적 소비를 하는 한 방법이에요.

축구공을 사더라도 어떤 축구공을 고르느냐 하는 것은 물건을 사는 사람 마음인데요. 1996년 파키스탄의 한 어린이가 나이키 축구공을 꿰매는 사진이 외국의 한 잡지에 실렸어요. 사실 그 축구공은 학교도 들어가지 않은 작은 아이의 노동력으로 만들어졌던 거예요. 축구공을 살 때 그런 사실을 떠올리고 공정 무역 공을 선택했다면 윤리적 소비를 한 셈이죠.

그 당시 나이키는 어린이 노동 착취 문제로 크게 비난을 받았고, 고치겠다고 말했어요. 물론 나 혼자 그런 물건을 사지 않는다고 세상이 바뀌지는 않겠지요. 하지만 내가 우리가 되고, 점점 더 많은 사람이 하나로 힘을 합친다면 충분히 큰 힘이 될 수 있어요. 그 힘이 세상을 바꾸는 밑거름이 되어 줄 거예요.

윤리적 소비 운동은 서유럽 소비자를 중심으로 시작되어 점차 세계로 알려졌어요. 우리나라도 1990년대 후반부터 소비자 단체를 중심으로 조금씩 퍼져 가고 있어요.

공정 무역 제품 사는 법

공정 무역 제품은 아직 일반 슈퍼마켓에서는 쉽게 만날 수 없어요. 소비자 단체나 사회 운동 단체가 운영하는 협동조합 상점이나 공익 상품 쇼핑몰 등에서 살 수 있어요.

최근에는 일반인들에게 공정 무역 제품을 알리기 위해 공정 무역에 함께하기를 원하는 일반 음식점이나 카페에서도 공정 무역 커피를 만날 수 있어요.

스타벅스는 대표적인 다국적 기업이에요. 미국 커피 회사이지만, 우리나라 동네마다 한 곳씩 있을 만큼 세계에 퍼져 있어요. 스타벅스는 전 세계에 있는 스타벅스 매장에 커피를 공급하기 위해 아주 많은 커피가 필요해요. 그래서 아프리카나 아메리카 여러 곳에 커피 농장을 운영하고 있어요.

스타벅스 커피가 아프리카 사람들의 노동력을 착취했다는 비판이 일자 2000년대 이후 스타벅스는 일부 커피를 공정 무역 커피로 구매하고 있어요. 스타벅스 매장에 가 보면 공정 무역 커피를 만날 수 있답니다.

물론 스타벅스의 공정 무역 커피는 기업 이미지를 좋게 하기 위한 마케팅에 지나지 않는다는 비판도 있어요. 실제 스타벅스가 구매하는 공정 무역 커피는 매장에서 쓰는 커피의 10%도 되지 않아요. 공정 무역 커피는 다른 상품보다 더 비싸게 팔고 있고요.

 하지만 공정 무역 상품을 찾는 사람이 늘어나면, 자연스럽게 공정 무역을 하려는 사람들도 많아질 거라 기대하고 있어요.

공정 무역 제품 알아보는 법

세계 무역 기구처럼 공정 무역을 지원하고 공정 무역의 기준을 만드는 국제 조직이 있어요.

1997년 21개국이 참여해서 만든 세계 공정 무역 상표 기구(FLO)인데요. 공정 무역 제품의 기준이나 규격, 생산자 지원 등의 일을 하고 있어요.

FLO에서는 공정 무역 기준을 통과한 제품에 상표를 부착해 줘요. 상품 겉면에 공정 무역 상표가 붙어 있으면, 공정 무역 상품이라는 것을 금방 알 수 있어요.

공정 무역 인증 상표

한국 공정 무역 주요 단체
(출처 : 한국공정무역연합)

명칭 및 홈페이지 주소	공정 무역 제품
울림 무역 – 공정 무역 가게 울림 www.ullimft.com	클라로 공정 무역 초콜릿, 파키스탄 축구공, 볼리비아 커피 등
두레 생협 연합 www.dure-coop.or.kr	팔레스타인 올리브유, 필리핀 마스코바도 설탕 등
아름다운 가게 – 아름다운 커피 www.beautifulcoffee.com	네팔 커피(히말라야 선물), 페루 커피(안데스의 선물), 우간다 커피(킬리만자로의 선물) 등
한국 YMCA – Peace Coffee www.peacecoffee.co.kr	동티모르 평화 커피 등
페어트레이드 코리아 그루 www.fairtradegru.com	네팔리 바자로 의류, 인도 유기농 면제품, 아기와 어린이 장난감, 생활용품 등
기아 대책 – 행복한 나눔 www.bemyfriend.or.kr	멕시코 치아파스 유기농 커피, 인도네시아 자바 커피 등

무역 관련 상식 퀴즈
무역 관련 단어 풀이

무역 관련 상식 퀴즈

우리나라를 세계 최고 무역 강국으로 만들 미래의 인재 여러분, 무역 문제에 도전해 보세요!

01 나라와 나라 사이에 물건을 사고팔거나 교환하는 일을 (   )이라고 해요.

02 아주 옛날 사람들은 직접 사냥한 고기와 물고기를 먹고, 직접 만든 옷을 입었어요. 이렇게 필요한 것을 스스로 만들어서 쓰는 것을 (   )이라고 해요.

03 수출을 하게 되면, 물건을 외국에 판 것이므로 대가로 (   )를 받을 수 있어요.

04 다른 나라에 수출한 내용, 수입한 내용, 우리나라에 사는 외국인 노동자들의 임금 등 1년간 외국과의 거래 내용을 (   )라고 불러요.

05 수출을 많이 해서 우리나라로 외화가 많이 들어오면 경상 수지 (   )라고 하고, 반대로 외화를 많이 지출하면 경상 수지 (   )라고 불러요.

06 우리나라 돈과 외국 돈을 바꾸는 비율을 (   )이라고 해요.

07 수출을 많이 했지만, 수출보다 수입이 많다면 외화가 더 많이 지출돼요. 이러면 무역은 흑자가 되지요. (○, ×)

08 천연자원을 수입해 석유 화학 제품으로 가공해 수출하고 기계 부품이나 장치를 들여와 다시 조립해서 수출하기도 해요. 이런 수출 방법을 가공 무역이라고 해요. (○, ×)

09 우리나라는 (   )을 주로 수출해요. 반대로 많이 생산되지 않는 (   )은 대부분 외국에서 수입해요.

10 땅이 넓고, 인구가 많은 나라는 지역별로 다양한 산업을 발달시킬 수 있어서 무역 의존도가 (높, 낮)고, 반대로 국민 소득이 높고 국토가 좁은 나라일수록 무역 의존도가 (높, 낮)아요. 우리나라는 무역 의존도가 (높, 낮)은 편이에요.

11 우리나라 수입 품목 1위는 원유예요. (○, ×)

12 삼국 시대에 우리나라는 가장 가까운 나라인 (   ), (   ) 두 나라와 많이 교역했어요.

13 통일 신라의 장수 (   )는 지금의 완도인 청해진에 진영을 만들어 신라인들이 안전하게 뱃길을 지날 수 있도록 보호했어요.

14 프랑스인 수도사 G. 뤼브뤼키가 쓴 ≪동방여행기≫에는 중국의

동쪽에 '카울레(Caule)'라는 나라가 있다고 적혀 있는데, 이 나라가 바로 (   )예요.

15 고려 시대 우리나라의 대문 역할을 했던 곳으로, 서해와 연결되어 있어 편리하게 바다로 드나들 수 있어 중국, 일본, 아라비아 상인까지 오가며 거래한 항구는 벽란도예요. (○, ×)

16 동양과 서양을 이어 주는 대표적 무역 길로, 동양에서 서양으로 건너간 대표적인 상품이 실크였기 때문에 이 길을 (   )라고 불렀어요.

17 나라 간에 좀 더 원활하게 무역할 수 있도록 돕기 위해 만든 국제기구는 (   )예요.

18 협정을 맺은 나라끼리는 국내에서 물건을 거래하는 것처럼 자유롭게 무역을 하자는 약속은 (   )이에요.

19 경제나 문화가 아직 발달하지 못한 나라를 일컬어 선진국이라고 해요. (○, ×)

20 지구가 하나의 세상처럼 연결되는 것을 (   )라고 해요.

21 우리나라의 첫 FTA는 일본과의 FTA예요. (○, ×)

22 물건을 수입할 때 수입품에 붙는 세금을 관세라고 해요.
(○, ×)

23 물건을 거래하는 두 나라가 서로 공평하게 무역 혜택을 나누자는 무역을 (   )이라고 해요.

24 어떤 물건을 살 때 윤리적으로 올바른지 따져 보고 고르는 소비

자의 선택을 (　　)라고 해요.

25 세계 공정 무역 상표 기구(FLO)는 공정 무역 제품의 기준이나 규격, 생산자 지원 등의 일을 하고 있어요. (○, ×)

📝 정답

01 무역　02 자급자족　03 외화　04 경상 수지　05 흑자, 적자　06 환율
07 ×　08 ○　09 공산품, 천연자원　10 낮, 높, 높　11 ○　12 중국, 일본
13 장보고　14 고려　15 ○　16 실크 로드　17 세계 무역 기구(WTO)
18 자유 무역 협정(FTA)　19 ×　20 세계화　21 ×　22 ○　23 공정 무역
24 윤리적 소비　25 ○

무역 관련 단어 풀이

국내 총생산(GDP) : 한 나라에서 일정 기간 내에 새로 만들어낸 재화와 서비스의 가치를 돈의 액수로 바꾸어 전부 더한 것. 경제 성장의 대외 비교에 씀.

화폐 : 상품과 바꿀 수 있는 돈과 같은 매개물.

유조선 : 선체에 설비한 탱크에 석유를 넣어서 운반하는 배.

인건비 : 사람을 부리는 데에 드는 비용.

경상 수지 : 한 나라 안에 사는 사람들이 외국인과 거래한 모든 내용을 기록한 것.

무역 수지 : 1년 동안 발생한 수출과 수입의 차이.

제2차 세계 대전 : 1939년부터 1945년까지 유럽, 아시아, 북아프리카, 태평양 등지에서 독일·이탈리아·일본 등의 군국주의 나라와 미국·영국·프랑스 등의 연합국 사이에 일어난 세계적 규모의 전쟁.

천연자원 : 자연에서 직접 얻은 물자나 에너지.

농업국 : 나라의 살림 중 농업이 가장 큰 부분을 차지하며, 농업을 주요 산업으로 하는 나라.

중공업 : 자동차, 배, 기계처럼 같은 크기라도 무게가 많이 나가는 물건을 만드는 공업.

강대국 : 군대의 힘이 강하고 땅이 넓어 힘이 센 나라 또는 잘사는 나라.

무역항 : 배가 드나들면서 무역을 할 수 있도록 상품 수출입의 허가를 받은 항구.

강화도 조약 : 조선 고종 13년(1876년)에 조선과 일본 사이에 체결한 조약으로 군사력을 동원한 일본의 강압 때문에 맺어진 불평등 조약. 이 조약에 따라 조선은 부산 외에 인천, 원산의 두 항구를 개항하게 됨. 병자수호조약이라고도 함.

항만 : 바닷가가 굽어 들어가서 배가 안전하게 머물 수 있고, 화물과 사람이 배로부터 육지에 오르내리기에 편리한 곳.

임진왜란 : 조선 선조 25년(1592년)에 일본이 침입한 전쟁.

산업 통상 자원부 : 중앙 행정 기관의 하나로 상업·무역·공업, 외국인 투자 및 자원·에너지 정책, 통상 교섭에 관한 업무를 맡고 있음.

제조업 : 원료를 가공하여 새로운 물품을 대량으로 만드는 사업.

텅스텐 : '무거운 돌'이라는 스웨덴 말에서 유래한 백색 또는 회백색의 금속 원소.

경공업 : 섬유, 식품, 고무처럼 부피에 비해 가벼운 물건을 만드는 공업.

공산품 : 원료를 인력이나 기계력으로 가공하여 만들어내는 물품.

원자재 : 공업 생산의 원료가 되는 재료.

외환 위기 : 외국에 빚이 많거나 무역 적자가 심해져, 나라에 외화가 부족하게 되는 현상. 외화가 부족하면 나라 경제가 위험하다고 생각하므로 투자가 줄고, 돈이 필요할 때 다른 나라에서 돈을 꾸어 오기도 쉽지 않게 됨. 결국 이 때문에 나라 경제가 위태로워지므로 외

환 위기라고 부름.

경제 협력 개발 기구(OECD) : 경제 성장, 개발 도상국 원조, 무역 확대의 세 가지를 주요 목적으로 하여 1961년에 창설된 국제 경제 협력 기구. 우리나라는 1996년에 회원국으로 가입함.

노동 집약적 산업 : 생산에 들어가는 생산 요소 가운데 다른 요소에 비하여 노동력이 많이 드는 산업.

기술 집약적 산업 : 생산에 들어가는 생산 요소 가운데 기술의 집중도가 높은 산업.

마그네사이트 : 탄산마그네슘으로 이루어진 탄산염 광물. 벽돌, 시멘트 등을 만드는 데에 쓰임.

조공 무역 : 다른 나라에 예물을 바치고, 하사품 형태로 다른 상품을 돌려받는 형식으로 이루어지는 무역.

민간 무역 : 다른 나라의 상인들 사이에서 이루어지는 무역.

공무역 : 나라가 주도해서 이루어지는 무역.

대안리 1호 무덤 : 평안남도 남포시 대안구역 은덕동에 있는 고구려 벽화 고분.

해상 무역 : 거래 물품을 배로 운송하는 무역.

무역선 : 나라끼리 교역하기 위해 물건을 실어 나르는 배.

동방견문록 : 이탈리아 여행가 마르코 폴로가 1271년부터 1295년까지 동방을 여행한 체험담을 기록한 여행기.

고려사 : 조선 시대에, 세종의 명으로 정인지, 김종서 등이 편찬한 고려 시대

역사서.

무역권 : 외국인이 그 나라 상인과 거래할 수 있는 권리와 권한.

갑오개혁 : 조선 고종 31년(1894년) 7월부터 고종 33년(1896년) 2월 사이에 추진되었던 개혁 운동.

병자호란 : 조선 인조 14년(1636년)에 청나라가 침입한 난리.

중개 무역 : 수출과 수입을 하는 두 나라의 거래가 이루어지도록 다른 나라의 상인이 중재하는 무역.

잡화 : 일상생활에 필요한 여러 가지 물건들.

무역 장벽 : 무역을 가로막는 여러 가지 장애 요소.

투자 : 이익을 얻기 위해 자본을 대는 것.

개발 도상국 : 선진국에 반대되는 말로 경제나 문화가 아직 선진국의 수준만큼 발달하지 못한 나라.

소비자 : 돈을 내고 물건이나 서비스를 사거나 이용하는 사람.

선진국 : 다른 나라보다 정치·경제·사회가 발달한 나라.

다국적 기업 : 여러 나라에 계열 회사를 두고 세계적 규모로 생산, 판매를 하는 대기업.

보호 무역 : 자기 나라의 산업을 보호·육성하기 위하여 국가가 대외 무역을 간섭하고 수입에 여러 가지 제한을 두는 무역.

관세 : 수입품에 부과되는 세금.

협정 : 우리나라 정부가 외국 정부가 맺은 조약.

특별 조항 : 계약서에 적힌 내용 이외에 특별하게 조건으로 내세우는 사항.

인하 : 물건 따위를 끌어내리거나 가격 등을 낮추는 것.

기계화 : 사람이나 동물이 하던 대부분의 작업 과정을 기계로 처리하는 것.

대량 생산 : 기계와 기술을 이용하여 같은 품질, 같은 상태의 제품을 많이 생산하는 것.

유기농 : 화학 비료나 농약 등을 쓰지 않고 유기물을 이용하는 농업 방식.

공정 무역 : 수출, 수입국이 동등한 혜택을 얻는 무역. 특히 선진국에 수출하는 개발 도상국의 상품에 공정한 가격을 지불하자는 사회 운동.

Max Havelaar : 세계 첫 공정 무역 커피. 네덜란드 대표 공정 무역 단체 이름이기도 함.

직거래 : 물건을 만든 사람과 물건을 쓰는 사람이 직접 거래하는 것.

가내 수공업 : 공장이 아닌 집안에서 물건을 생산하며, 주로 수공예품을 많이 만듦.

착취 : 일하는 것보다 적은 임금을 주거나 주지 않는 것.

노동 법규 : 근로자들의 노동에 대한 규정. 정당한 임금 수준과 일하는 시간 등을 법으로 정해 놓음.

마케팅 : 생산자가 소비자에게 상품을 팔기 위해 필요한 모든 경영 활동.